ミャンマーの柳生一族

高野秀行

集英社文庫

初出「小説すばる」二〇〇四年八月号～二〇〇五年十月号

伝えるに、
徳川幕府の黎明期に暗躍した集団があった。
その名を柳生一族。
宗矩、十兵衛ら、あまたの剣の達人を輩出するいっぽう、
幕内および諸大名の監視役を務めることで、
隠然たる勢力を築いたとされる。
その柳生一族が今、ミャンマーに再来し、
国を牛耳っているという…。

目次

前口上……3

序章　ミャンマーは江戸時代

ミャンマー柳生、おそるべし……11

第一章　アウン・サン家康の嫡子たち

柳生、仕事すべし……29

幕府にたてつく人々……41

幕府の豆鉄砲狩り……53

ミャンマー幕府成立とスー・チー千姫……58

第二章　柳生三十兵衛《みそべえ》、参上！

柳生三十兵衛、参上！……71

謎の男は「裏柳生」……80

柳生一族、懐柔作戦……90

かけがえのない「元麻薬王」を大切に……99

スーパー外様「ワ藩」別件……108

第三章　たそがれのミャンマー幕府
中国がアメリカに見えた日……123
武家社会はつらいよ……131
鎖国の中の国際人……142

第四章　柳生十兵衛、敗れたり！
アウン・サン家康の風呂場……165
柳生と老中の死闘……177
ミャンマーのシャーロック・ホームズ……187
柳生十兵衛、敗れたり！……197

終　章　柳生一族、最後の戦い
キン・ニュン宗矩はタカノを知っていた!?……209
柳生一族の没落……215

あとがき……223

解説　椎名誠……233

本文写真／著者
本文デザイン／ZOOT.D.S.

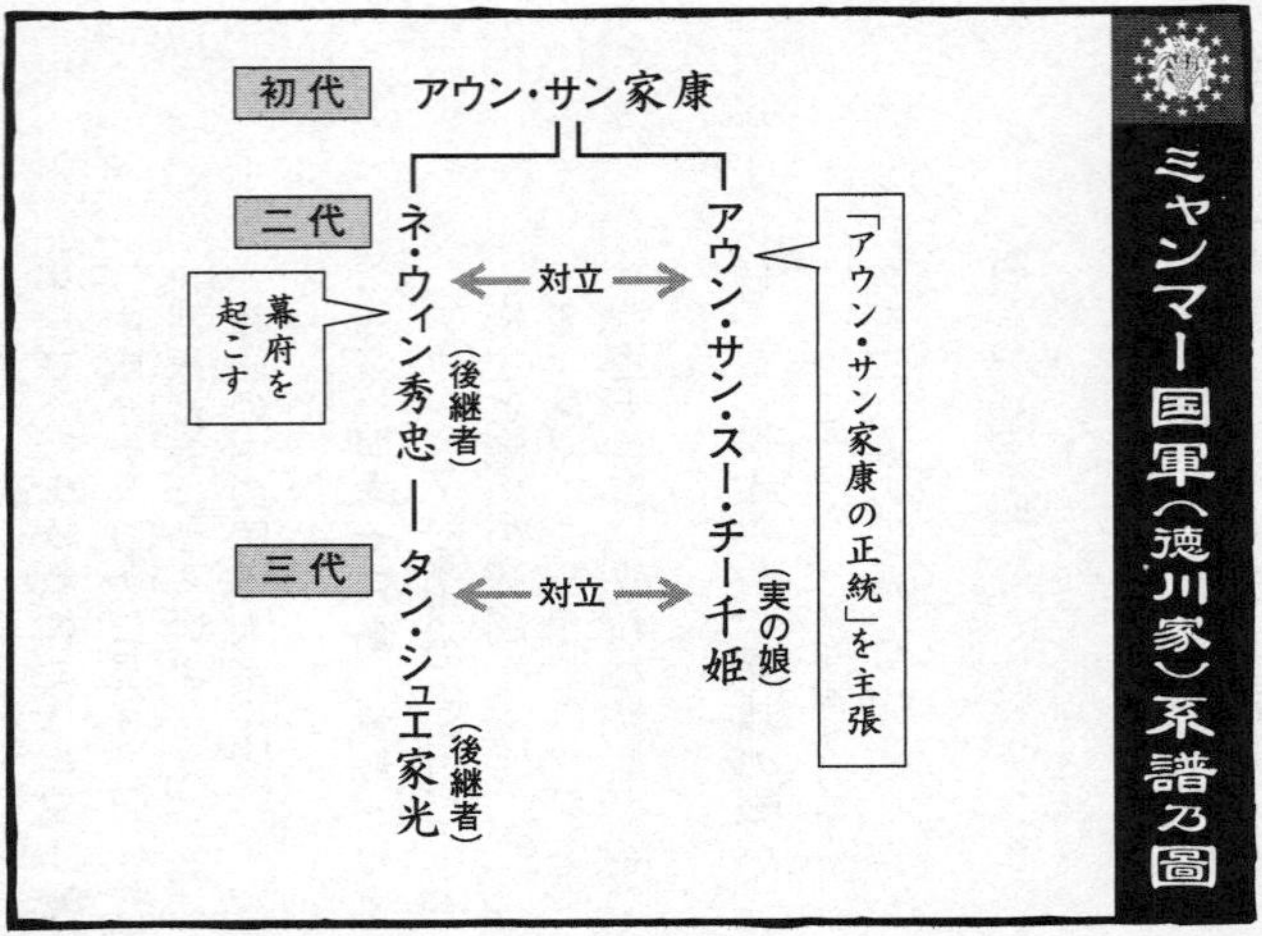
ミャンマー国軍（徳川家）系譜乃圖
初代
アウン・サン家康
二代
ネ・ウィン秀忠（後継者）
幕府を起こす
対立
アウン・サン・スー・チー千姫（実の娘）
「アウン・サン家康の正統」を主張
三代
タン・シュエ家光（後継者）
対立

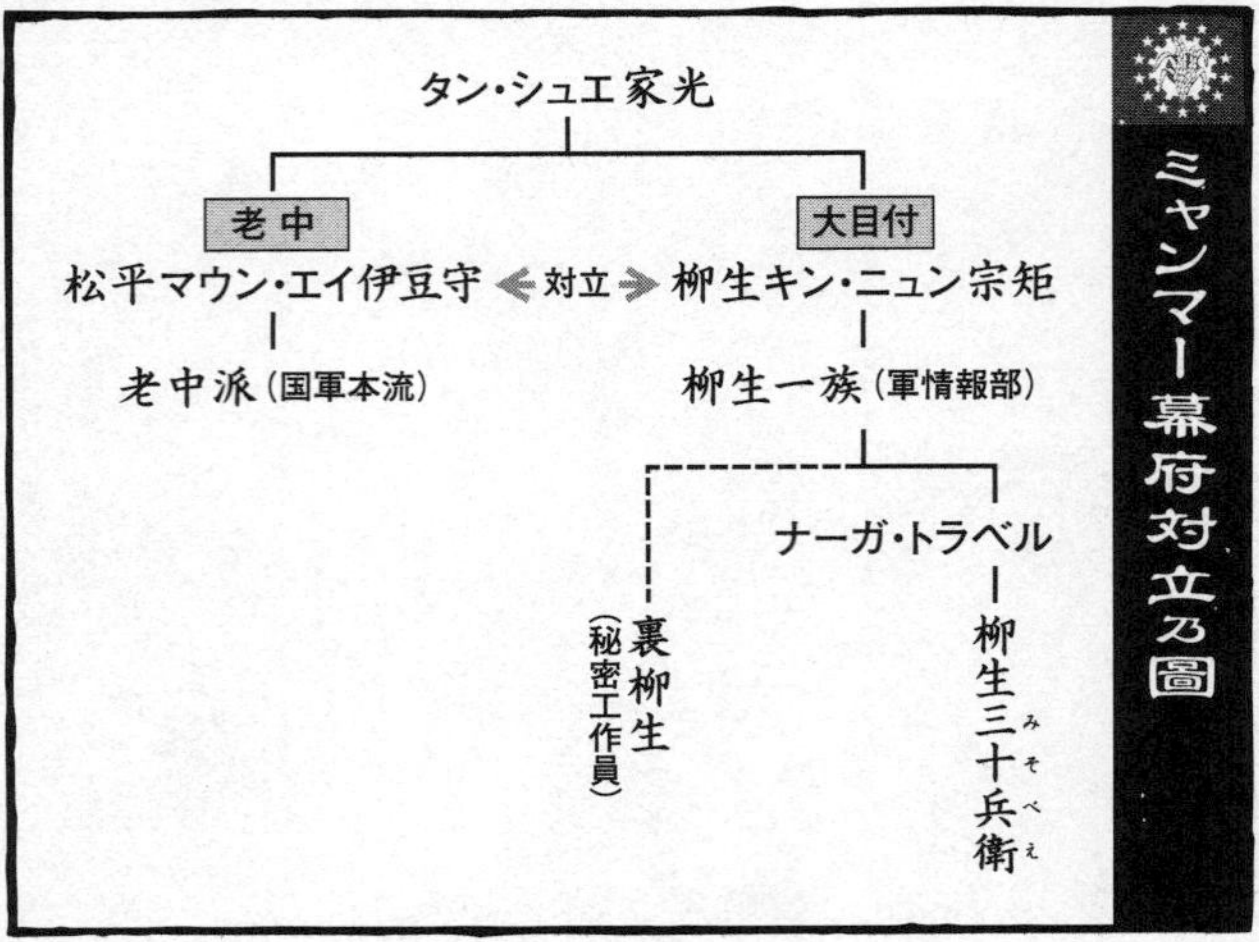
ミャンマー幕府対立乃圖
タン・シュエ家光
老中
松平マウン・エイ伊豆守
老中派（国軍本流）
対立
大目付
柳生キン・ニュン宗矩
柳生一族（軍情報部）
裏柳生（秘密工作員）
ナーガ・トラベル
柳生三十兵衛《みそべえ》

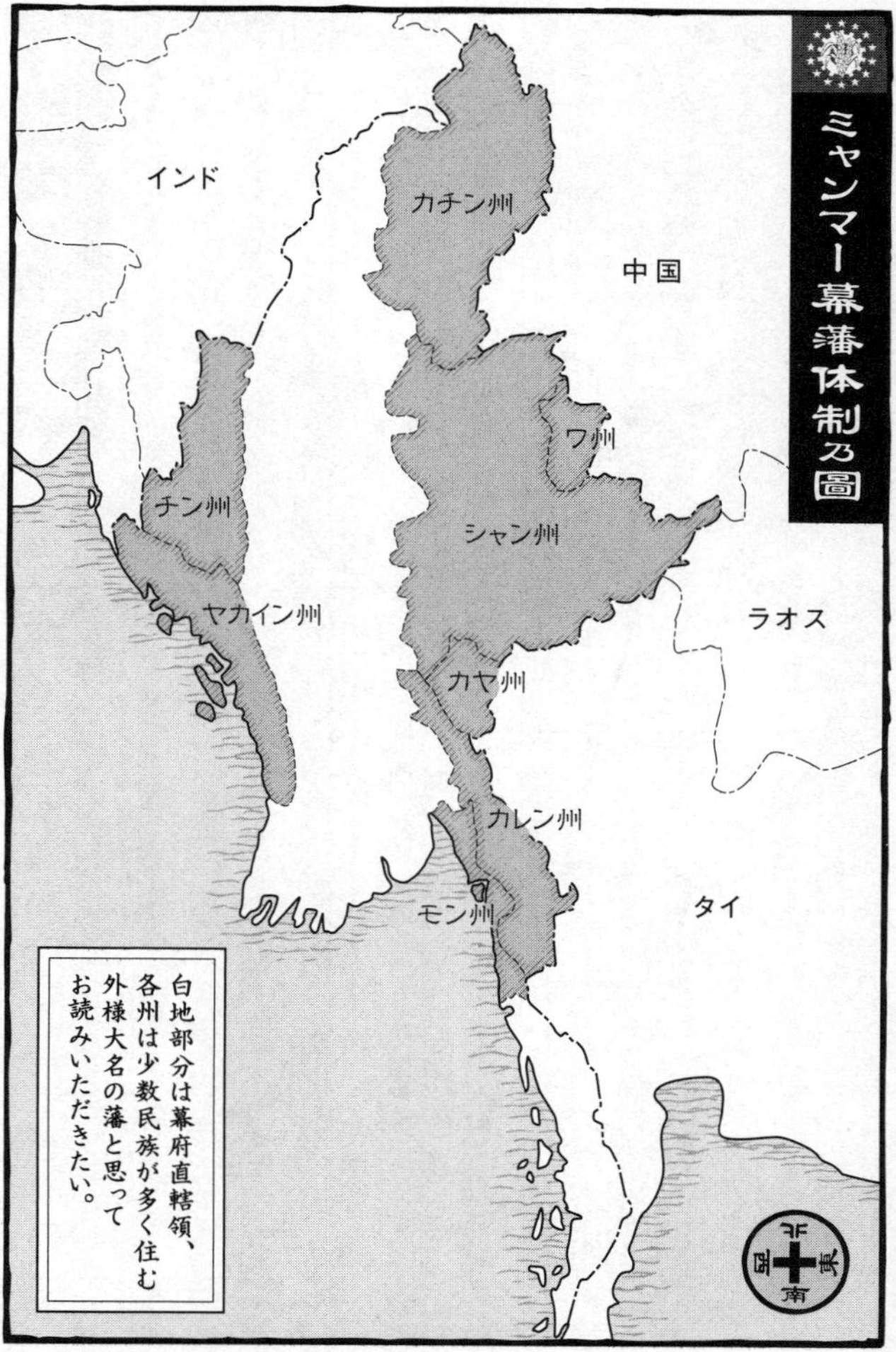

※ワ州は俗称。公式にはシャン州の一部である。

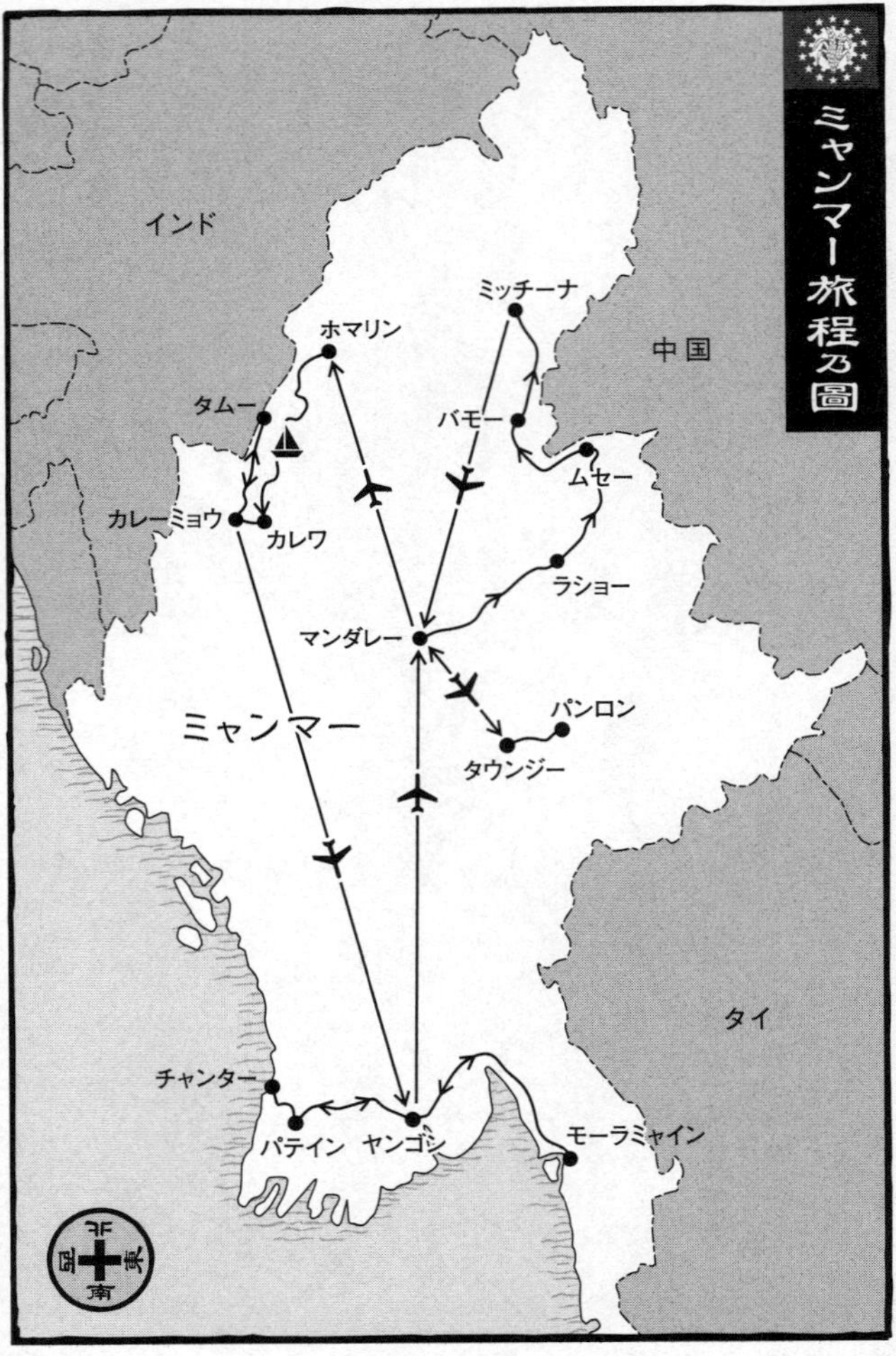

ミャンマー旅程乃圖
インド
中国
ミッチーナ
ホマリン
タムー
バモー
ムセー
カレーミョウ
カレワ
ラショー
マンダレー
パンロン
ミャンマー
タウンジー
タイ
チャンター
パテイン
ヤンゴン
モーラミャイン
北
東
南
西

序章　ミャンマーは江戸時代

露店で客を待つ女性たち

ミャンマー柳生、おそるべし

あるさわやかな乾季の朝、私と作家・船戸与一《ふなとよいち》の奇妙な旅は始まった。

これから約二週間かけて、ミャンマー第二の都市マンダレーを起点に同国の辺境地域を手当たり次第まわることになっている。それ自体とりとめがなくて普通の旅行者なら決してやらないし、たとえやろうと思ってもできない旅行なのだが、もっと奇妙なのはこの旅行の人間構成とスタイルである。

十九歳で初めて海外に出て以来、私個人が好きこのんでやってきた旅は、たいていがたがた道を乗り合いのバスやトラックで揺られて行くというものだ。現地の人の間にぎゅうぎゅう詰め込まれ、一日の終わりは土ぼこりで髪の毛が真っ白に、鼻の穴が真っ黒になることも珍しくない。

それが今回のミャンマー旅行では、なんとも贅沢《ぜいたく》なことに、ゆったりとしたトヨタのワンボックスカーだ。フルタイム４ＷＤなので、地面の多少の凹凸などほとんど感じさせず、すべるように走る。言うまでもなくエアコン付だ。しかもこれが処女航海といってもおかしくない、ピカピカの新車である。十年落ちのカローラ1600ccが現地通貨で三千万チャット（約四百五万円）もするというこの国で、この車はいったいいくらしたのか見当もつかない。

それに輪をかけてわからないのは、同乗しているミャンマー人四人の身元である。前には運転手、拳銃《けんじゅう》を携えた「セキュリティ（護衛役）」、後ろにはガイド兼通訳、そして「運転手の友だち」としか紹介されなかった謎《なぞ》の男。

彼らはみな、固く押し黙っていた。どれもミャンマーの柳生《やぎゅう》一族か、柳生の息のかかった人間である。うかつなことを言ったら斬《き》られる……なんてことは全くないが、なにしろ向こうの考えていることがさっぱり読めない。私も、隣にいる船戸与一も黙って流れていく外の景色を見ていた。

船戸さんはこの国を舞台にした小説を書くべく、取材旅行にやってきていた。私はその旅のガイド役であり、通訳であり、相談相手でもある。まさにオールマイティな相棒《バディ》だが、世間では「かばん持ち」というほうが通りがいいかもしれない。

私たち二人組は、十日間ほど首都ヤンゴン周辺に足止めを喰《く》らった。やっとこれから二週間にわたって船戸イズムあふれる冒険小説の舞台となるべき辺境地を訪れるのだ。しかし、私たちは完全に柳生一族の監視下で取材活動をするはめになっていた。

なぜ、こんなことになってしまったのか。そして、「ミャンマーの柳生一族」とはいったい何者なのか。

話は昨年（二〇〇三年）の十二月にさかのぼる。

私のところへ、早稲田大学探検部の先輩である船戸与一から突然電話がかかってきて、「おまえ、一緒にミャンマーへ行かないか」と誘われた。しかも、「合法的に行く」という。

「そんな無茶な」と思った。

私はミャンマーには二年に一回くらいの割合で行っているが、最後に合法入国したのは一九九四年、それ以降はすべて非合法である。

タイから入ってタイへ戻ったのが二度、中国から入ってタイから出たのが一度、中国から入ってインドに抜けたのが一度。非合法にミャンマー国境を越えたこと実に八回、さらに未遂（国境の検問で捕まり追い返された）を加えれば都合十一回。

その結果、私には「ミャンマー＝非合法で行く国」という刷り込みがなされていて、ビザを取って合法的に入国するなど思いつきもしなかったのだ。また、そのような犯罪常習者的な強迫観念のほかに、ミャンマー大使館では私にビザを発行するわけがないという、ゆるぎない自信もあった。

私が非合法に国境を越えるのは、犯罪をおかすためではない。ミャンマーの反政府少数民族ゲリラの支配区を訪れるためである。

（「ミャンマー」と「ビルマ」については人によっていろいろな考え方があるが、本書ではこの国を「ミャンマー」、国民を「ミャンマー人」と呼ぶことにする。つまり、その中にビルマ語を母語とする多数民族の「ビルマ人」と諸々の少数民族がいると考えていただきたい）

私は学生時代からの癖《へき》で、ふつうの人が行けない秘境や辺境を偏愛している。ジャーナリスティックな興味はさしてない。ただ、情報がろくにない場所では五感＋言葉だけが頼りであり、予想外の出来事が頻発してたいへんおもしろいという理由による。

だが、金さえ払えば、南極でもキリマンジャロでも行けるこの時代で、ほんとうに人が行けないところはそうそうなく、いろいろと探しているうちに、ごく自然な流れで外国人の出入りが厳しく制限されているミャンマーのゲリラ支配区に通うことになった。

そこは電気・水道・ガスも人権や社会保障もなく、この世の矛盾が凝縮された場所であると同時に、アジアの古い生活習慣や伝統が残された貴重なエリアでもある。

私は、そんな地域で、兵士や一般住民がどんな生活をしているのか見たり、彼らの話を聞いたりする。ときには何カ月も一緒に暮らす。そして、それを文章に書いて発表する。

こんな酔狂な人間は珍しいらしく、私は日本はもとより、世界でも最もミャンマー辺境地に詳しい人間の一人となっていた。船戸さんが私を取材に連れて行こうと思ったのは、単に後輩だから使い勝手がいいという理由のほかに、そういう事情がある。ミャンマーの共通語であるビルマ語や少数民族の言葉も多少はできるし、まあ、やっぱり使い勝手がいいのである。

断っておくが、私は別にどこかのゲリラを支持しているわけではない。現地でも極力、客観的に情勢を見ようと心がけているし、ゲリラに対して批判めいたこともずいぶん言ったり書いたりしている。

が、彼らと寝食をともにしていれば、友だちもできるし、おのずから彼らの言い分を多く聞くことになる。実際問題として少数民族、特に一般の村人には同情すべき点が多く、それが文章にも色濃く反映されてくる。

そんな外国人をミャンマーの中央政府が歓迎するわけがない。だいたいにおいて、非合法入国である。

私はこれまで、ミャンマーの少数民族地帯に関する本を二冊書いている。うち一冊は英語に訳され、バンコクや香港《ホンコン》の書店でもよく見かける。これが問題であった。

ミャンマー政府はたいへん勤勉なことで知られている。反政府的な文章を書く作家やジャーナリストは徹底的に調べ上げるとされている。日本ではミャンマー大使館がそれを司《つかさど》る。民主化運動を支持しているジャーナリストなどは絶対にビザが取れない。

私の本も調べられているはずだ。もし、日本語版が見過ごされていても英語版はさすがに各国にあるミャンマーの大使館員か本国の人間がチェックしているはずだ。だいたい、ミャンマー関係全部を合わせても出版物は極端に少ないので仕事は容易である。私の名前がブラックリストに載っているのはほぼ間違いのないところだった。

というわけでいつの間にか、私はミャンマーに合法的に入国することができなくなっていた。秘境を追い求めるがために、他の人間が入れないゲリラ支配区には何度も行き、今でも行こうと思えば行けるのに、首都ヤンゴンや遺跡で有名なバガンをはじめ、観光客がふつうに行ける地域に行けなくなってしまったのだ。

ポジとネガが反転したようなもので、今や、私にとっての秘境は「ミャンマーの政府支配区」になっていた。他人が行けないところへ行くことを無上の喜びとする私にとって、他人が行けるところに自分が行けないというのはかなり辛《つら》い話であり、ときどき、新聞広告で「歴史とロマンのミャンマー五日間の旅」とかいうのを見ると、無性に悔しくて破り捨てたくなるくらいだ。

ところがである。思いもかけない出来事が生じた。

せっかく船戸さんが誘ってくれるので、ダメもとでビザを申請したところ、あっさり通ってしまったのだ。ブラックリストにも何にも載ってなかったらしい。

念願の秘境行きが叶《かな》って嬉しかったが、ちょっとショックでもあった。

だって、これではまるで、私がミャンマー政府に片想いをしていたようではないか。こっちだけが意識して、向こうはなんとも思ってなかったのだから。

なんだ、結局ミャンマー政府（含む大使館）は寛容ではないか。もしかしたら、勤勉でないだけかもしれないが、憶測は失礼なので、寛容だとしておこう。そう思っていたところ、さらに思いもかけない出来事が生じた。

船戸与一がビザを申請したら「発給困難」という返事がかえってきたのだ。

理由は、「反政府少数民族に肩入れしているような小説ばかり書いているから」。船戸与一の本をちゃんと読んだらしい。あんな分厚くて、私だってろくに読んだことのない船戸シリーズを、だ。なんて勤勉なんだろう。もちろん、寛容でもない。

私は再びショックを受けた。てっきり私に気があると思い、下手《へた》に関係をもつとまずいなあと距離をとっていた女が、自分の知り合いに一目惚《ひとめぼ》れしてしまったような、複雑な心境であった。

私事はさておき、ミャンマー政府のガードの固さは瞠目《どうもく》すべきものだった。船戸さんは世界中の辺境、特に紛争が起きているような国や独裁体制国家へこれまで取材で何十カ国と行っており、その中には旧ソ連、革命直後のイラン、アフガニスタン、カンボジア、中国、キューバなども含まれる。

そのすべての国で、ビザ申請の際には「職業：小説家」と書き、一度も問題になったことがないという。「ジャーナリストと書くとダメだが、小説家はどこでも問題ないんだ」と私に得意気に説明していたものだ。

それがこのミャンマーで初めて検問にひっかかった。しかも、作品のテーマまで分析するというおまけつきで。『作家の値うち』で船戸与一を「採点不能」とした評論家・福田和也もびっくりだ。

さすが軍事独裁政権が四十年以上続いているだけのことはある（途中、形のみ共和国体制をとっていたが、実質は変わらない）。社会主義・非同盟中立という政策で三十年も鎖国同然だっただけのことはある。

しかし、感心している場合ではない。私はすぐに緊急の措置を講じた。ミャンマー大使館員を知っている友人に頼んで話をしてもらったのだ。

「船戸氏は、今回ミャンマーでは政治的な小説を書くつもりはない。あくまで、旧日本軍の活動を含めた歴史的なことに興味がある」

これは別にまるっきりのウソではない。大使館の分析に異を唱えるようで恐縮だが、船戸さんはいつも反政府少数民族に肩入れした小説を書いているわけではない。それに船戸さんが書いているのは現地の内情と歴史を踏まえつつも、結局は普遍的な人間のドラマであると私は思っている。

だいたい、船戸さんは、今回ミャンマーでは何を書くかまったく決めてなかった。

「どんな小説を書く？　そんなもん、何も考えちゃねえよ。行きゃあなんとかなるだろ」

というのが彼の返事だった。小説家としていかがなものかという態度だ。唯一、旧日本軍の戦闘状況やアウン・サン将軍の主導でビルマが独立した経緯などには興味をもっているようだったが、それも有り体に言えば、当時はそのくらいしか知識がなかっただけの話である。

それが伝えられると、すぐに大使館より船戸さんに「お会いしたい」という連絡が入り、参事官という人物が一時間以上にわたって船戸さんと会見した。

船戸与一の無知、いや無垢《むく》な心情が伝わったのか、意外にも話し合いはいたって友好的であり、ビザそれも公式に取材を許可するジャーナリストビザが下りることになった。ただし、条件がついた。

「ミャンマー国内の取材は、ナーガ・トラベル（仮名）という旅行会社に依頼して行うこと」というものである。

報告を受けた私は「うーん」と唸《うな》ってしまった。

このナーガという旅行会社の噂《うわさ》は聞いていた。ミャンマー国軍の情報部が直接経営する旅行会社だというのだ。

ミャンマーにおいて、軍情報部は最も恐れられている存在である。すごく大雑把《おおざっぱ》に言うと、アメリカならCIA、イギリスならMI6、旧ソ連ならKGBがそれに相当するが、役割と権限ははるかに大きい。

もともと、情報・諜報《ちょうほう》活動に従事する部隊だが、軍内での規律維持も担当する。と同時に、民主化運動や少数民族による独立運動なども含め、あらゆる反政府的思想・活動を取り締まる。

戦前の日本における憲兵隊と特高（特別高等警察）の機能を併せ持っているといえるが、「戦前の日本」は比喩《ひゆ》に持ち出しただけで特殊な色がついてしまう、というか日本人を思考停止に追いやるところがあるのであまりそう言いたくない。

それにミャンマーの軍情報部はとてもそれだけで説明することはできない。例えば、軍情報部の元締めであるキン・ニュンという人物はミャンマー政府の首相だ。中国などと同じように、首相が必ずしもいちばん偉い国ではないが、軍事政権最大の権力者の一人なことはまちがいなく、ここ十年、彼の舵取《かじと》りでミャンマーは動いてきたといっても過言ではない。戦前の日本にそんな人物はいなかった。他の国でもてきとうな例が見当たらない。

で、唐突だが、いちばん近いのが「柳生一族」じゃないかと思った。

ミャンマー政府を「軍事政権」とか縮めて「軍政」などというからおどろおどろしい感じがするし、自分には関係のない遠い国の話みたいな感じがするが、要は江戸時代の日本だと思えばいい。

ミャンマーは軍事独裁政権である。閣僚は全員将軍級の軍人だ。なかには小学校しか出てない大臣も多数いるという。官僚も主要な役職はほとんど軍人が占めている。とんでもない話のようだが、徳川幕府はまさにそうだった。それで、ちゃんと機能していた。

　ミャンマーは武家社会なのだ。武士が立法・行政・司法の一切の権力を握っている。江戸中期以降はそんなこともなかったろうが、最初の三、四十年ほどは、学校など行ってない大名が多かったはずだ。彼らは戦場で武勲を立て、のし上がってきた。ミャンマーの小卒大臣も同じだ（ちなみに、彼らの息子たちはちゃんと高等教育を受けている。幕府の大名の子弟がそうであったように）。

　長らくミャンマーの軍政は、「農民と工業労働者が国家の基本」と位置づけ、商業をいやしんできたが、それも士農工商の理念と同じだ。徳川幕府がミャンマー政府と同じ程度に、社会主義的傾向をもっていたという言い方もできるかもしれない。しかるに、現実には、有力な武家に取り入った商人が財をなし、商人全般が農民や労働者よりよほど経済的に潤っているという図式において、現代のミャンマーと日本の江戸時代は似通っている。

　もちろん、ちがうところもある。

　徳川幕府は初めから三百あまりの大名をかなり理想に近い形で牛耳っていたが、ミャンマーの軍政はそこまで行っていない。カレン、カチン、シャンの三大民族をはじめ、地方のありとあらゆるところで少数民族による叛乱《はんらん》が続いている。

　薩摩《さつま》島津、長州毛利、仙台伊達《だて》、加賀《かが》前田など外様《とざま》諸侯を幕府が抑えきれていない様子を想像してほしい。もっとも、叛乱を起こしている外様も、地元の山岳地帯を根城にしている程度で、江戸を脅かすにはほど遠い。

その中にあって、軍情報部とは、徳川幕府であるならさしずめ目付であろう。今でも監視役や保護者のことを「お目付け役」と呼ぶことからわかるように、目付とは幕府内の犯罪に目を光らせる組織であり、またお上（幕府）にたてつく者は武家といわず、町人・農民といわず徹底的に取り締まるのが役割だ。

この役目をいちばん忠実に果たしたのが、まだ戦国の荒々しい空気が残っていた江戸初期に活躍した柳生一族だと私は考えることにした。目付の頭《かしら》「大目付」（当時は「惣目《そうめ》付《つけ》」）である柳生宗矩《むねのり》以下、柳生一族は徳川幕府安定のために活躍した。

公式な活動だけではない。柳生には「裏柳生」もいた。柳生十兵衛三厳《じゅうべえみつよし》、その弟である柳生列堂（義仙）は、隠密を使い、かなり悪どい方法で、幕府に敵対する大名やときには天皇家までも弾圧した。少なくとも、小池一夫の『子連れ狼《おおかみ》』、隆慶一郎や荒山徹などの小説ではそういうことになっている。

柳生一族は今でもたいへんに人気がある。しかし、フィクションでの位置は善玉と悪玉の間を大きく揺れる。

柳生宗矩は、吉川英治『宮本武蔵《むさし》』では武蔵と交流をもち、互いに相手を認め合って試合をしなかったことになっており、おおむねよい役どころだが、藤沢周平の小説では武蔵を江戸から（策謀によって？）追い払ったとされている。

どういうわけか、宗矩の長男・十兵衛だけは字《あざな》（通称）で呼ばれ、しかもヒーロー像が定着している。

だが、他は悪役に廻《まわ》ることが多い。特に、十兵衛の弟で宗矩の六男・列堂は子連れ狼・拝一刀《おがみいっとう》の宿敵だったうえ、隆慶一郎の小説でも宮本武蔵の愛弟子である主人公を抹殺しようとしていたり、気の毒になるくらい嫌な役でこき使われている。

話をミャンマーに戻すが、軍情報部はミャンマー幕府において、まさに柳生一族である。首領であるキン・ニュン首相は他の有力な諸侯と異なり、戦に出たことがない。家柄がよいわけでもない。もっぱらかつての独裁者ネ・ウィン（この辺りはたいへん微妙で大きな問題を含んでいるが、とりあえず二代目将軍・徳川秀忠だと思ってほしい。詳しくは後述する）にその才を見込まれ、秘書（将軍家剣術指南役にはちと落ちるがそこまで一致させるのは難しいからご勘弁を）という形で採用されてから能力を発揮し、四十代の若さでミャンマー国軍情報部部長、つまり大目付にまで出世した。

柳生一族は、とかく陰謀や裏で幕府を動かしていたという話が作られる。実際にはどうだったか知らないが、そういう話が作られる土壌はよくわかる。というのは、大目付は、上は老中から下は御家人《ごけにん》まで幕府内の人間を監視しているからだ。当然、誰が賄賂《わいろ》をもらっているとか、誰が閨《ねや》でひそかに将軍家の悪口を言っていたかなど知っている。大目付がそれを公にすれば、直参《じきさん》の本多家や親戚《しんせき》の松平家だって、ただでは済まない。

幕府の有力者すべての弱味を握っていれば、表の地位は低くても裏の影響力はものすごく強くなる。

徳川幕府が安定してしまうと、大目付の立場などどんどん弱くなって、単なる執政の一役職くらいにしかならないだろうが、徳川幕府初期の段階では十分にありえた話だ。

まさに、柳生おそるべし、なのである。

それをミャンマーでやり、今でもやっているのが、キン・ニュンと軍情報部だというもっぱらの評判だ。

キン・ニュン宗矩と情報部は、この国のいたるところにスパイ網を張りめぐらせ、民主化運動や共産主義者、少数民族の独立運動などを監視し、苛烈《かれつ》な取締りを行うと同時に、軍内でも諜報工作を行った。

戦場で武功を立てて出世した将軍たちや陸軍士官学校卒の将校たちは、「薄汚いやつらだ」と、忌々しく思っているが、弱味を握られている以上、誰も表立って文句を言うことはできない。逆に擦り寄っていく輩《やから》もおり、その間にも、ぐいぐいとキン・ニュンと情報部は力を強めていき、現在に至っているという……。

ほら、なんとなく辻褄《つじつま》は合っているではないか。

しかし……。柳生一族も自分で旅行会社はやらなかったろうなあ。柳生直営の伊勢《いせ》参りツアーや四国八十八ヶ所お遍路コースなんて聞いたことないし。

った。宗矩の江戸柳生も、宗矩の甥《おい》である兵庫助《ひょうごのすけ》（利厳）の尾張《おわり》柳生もそんなことはしなかったが、キン・ニュンのミャンマー柳生は商売をするのである。

もっとも、この旅行会社はただ金儲《かねもう》けだけのために存在するのではない。私たちのように（といっても私は無視されているので、船戸与一のことだが）、幕府にとって味方になるか敵になるか定かでない南蛮人《なんばんじん》、いや外国人が来たとき、監視するという半ば公的な役割も担うのである。

車の中は沈黙が支配していた。

柳生一族は何を考えているのか。私が不意に後ろを振り向くと、ガイド兼通訳は熟睡していた。「謎の男」もあくびを噛《か》み殺していた。

聞けば、みなさん、われわれのために今朝《けさ》は三時起きで準備をしたという。

柳生眠たし、なのであった。

第一章　アウン・サン家康の嫡子たち

「疑惑の銃弾」マ・ペ

柳生、仕事すべし

ミャンマーの柳生一族は余裕綽々《よゆうしゃくしゃく》だった。

私はてっきり誰かがヤンゴンの空港で待ち構えているものとばかり思っていた。柳生一族本体つまり軍情報部の人間か柳生経営のナーガ・トラベルの人間かわからないが、私たちが入国手続きをする時点で、「やあ、いらっしゃい」と慇懃無礼《いんぎんぶれい》な笑みを浮かべて身柄を拘束するものだとばかり思っていた。

ところが、である。入国審査もあっさりパスしてしまい、税関も通過してしまったが、誰もやってこない。やってきたのは客引きに来たタクシーの運転手たちだけだ。

私はミャンマーの少数民族とはしょっちゅう会っているが、ミャンマー国籍の多数民族の人間、つまりビルマ人と接するのが十年ぶりである。

(ビルマ人と少数民族の居住地域については7頁の幕藩体制乃図を参照いただきたい。中央の白い部分がビルマ人の居住地域である)

嬉《うれ》しさのあまり、思わず、怪しげなビルマ語で、「ぼくは日本から来た」「ヤンゴンは十年ぶりなんだよ」「いや、なつかしいなあ」などと値段交渉もそこそこに、個人的な感動を伝えていたら、客引きは初めのうちこそ嬉しそうだったが、すぐにどこかへ行ってしまった。

向こうとしたらさっさと車に乗ってほしいのだが、こちらはイミグレーションの人ごみで別れてしまい、まだ後方にいるらしい船戸さんを待たなければいけないと、それぞれ事情があるのだ。

しょうがないので、他の客引きを見つけ、同じことを繰り返したのだが、ビルマ人の客引きはいたって淡白で、どう頑張っても五分以上相手にしてくれない。

そもそも、客引きが全部で数人しかいないので、みんな私を避け始め、こちらが「ねえ、兄さん」と話しかけても無言ですーっと逃げてしまう。どっちが客引きなのかわからない。

もっとも、私だって、無邪気に客引きに声をかけていたわけではない。それどころか、内心は不安でいっぱいだった。

どういうことなのか、いつまで経っても船戸さんが入国審査を通過して来ないのだ。もうほとんどの客が税関を抜けて到着ロビーに出て来ている。

なぜ、船戸さんだけが出て来ないんだろう?

もしや、柳生一族に早くも拘束されたのではないか。

その不安を紛らすためもあって、私は客引きに声をかけまくっていたのだ。考えてみれば、私はふつうの観光ビザで最初から柳生に相手されてない。だが、船戸さんは特殊なジャーナリストビザである。船戸さんだけ、柳生にマークされている可能性は高い。

この国でジャーナリストビザを取得するとはたいへんなことだ。

信頼すべき情報筋によれば、ミャンマー柳生総帥《そうすい》・宗矩ことキン・ニュン首相は自らビザ発給の是非を判断するという。よほどヒマなのかよほどマメなのか判断に苦しむが、少なくともミャンマー幕府が南蛮人《なんばんじん》の渡来にピリピリしていることはまちがいない。入国に際し何かあるんじゃないかと私が気を揉《も》んで当然である。

足止めから即拘束も困るが、船戸さんだけが柳生一族から歓待を受けた日には私としてはたまったものではない。あとから追いかけ、「ぼくも要注意人物なんです！」と訴えるのも情けない。

そのうち、やっと船戸さんが税関を抜けて現れた。

「イミグレの係官が誰も英語がまったく話せなくてよお」と船戸さんは呆《あき》れ顔で言った。彼は英語の話せる人間が来るまで足止めをくらっていただけだった。

二十分もしてようやく英語ができる人間が来て、

「あなたはジャーナリストですか？」

「イエス」

「わかりました。どうぞ」

という、あまり重要とは思えない会話が交わされ、そのまま放免となったというから、これは柳生ではないのだろう。というか、入国審査には情報部より英語のできる職員を入れるほうが急務のように思えた。

その後、ようやく、小さな空港の出口でタクシーを捕まえ、市内のホテルに向かった。とても国際空港から首都への道とは思えない暗い道路を、陰気な顔をした運転手はひたすら無言で古いトヨタを走らせる。

偶然のように装って実はこのタクシーも柳生の回し者かもしれないと一瞬は思ったが、それは早とちりであった。

彼が無言なのは彼が私たちのことをひそかにうかがっているからではなかった。なぜか助手席に弁当箱を抱えて乗り込んだおばさんがえらい勢いでずーっとべらべらとまくしたて、口をはさむ余地がないからだった。

事実、そのおばさんが途中で降りると、運転手は重い口を開いた。

「彼女はおれの親戚《しんせき》で貿易会社で働いてるんだけど、会社のやり方がおかしいって怒ってね、そんなこと言われても困るよね、おれ、彼女の会社の事情なんか知らないし……」

今度はこちらが閉口する番であった。

運転手がしゃべっている間、私は何度も後ろを振り返ったが、あとをつけてくる車は見当たらず、目に映るのは古いコロニアルな建物や、そこだけライトアップされてきらびやかに光る黄金色のパゴダ（仏塔）や、大木の陰でお茶を飲む腰巻き姿の人々ばかりだった。

結局、Tホテルという ホテルに何事もなく到着した。あとで知ったところによると、このホテルは柳生一族の経営ではないが、「初代・麻薬王」の異名をとる、ロー・シンハン（羅新漢もしくは羅星漢）一族の経営だと聞いている。

ロー・シンハンはミャンマー柳生とのつながりも噂《うわさ》されているが、そこに投宿することには何の陰謀も働いていない。ガイドブック『地球の歩き方』を見て、「いちばん設備がしっかりしていそうだからここでいいか」と私がてきとうに決めたら、たまたまそういうところだっただけの話だ。

ロー・シンハン一族が今でも麻薬ビジネスに手を染めているかどうか不明だが、もしそうだとするならば、私たちも、彼らのマネーロンダリングに一役買っていることになる。

誰の経営であろうと、ここはヤンゴンでも最も目立つ二十六階の高層ビルで、快適そのものだった。私たちの動向を窺《うかが》う者は誰もいない。

私たちはホテルのレストランで夕食をとり、疲れていたこともあって、早めにそれぞれの部屋へ引き上げた。

結局、この日、柳生一族は現れなかった。

翌朝、ヤンゴンの街に出た。

ヤンゴンは十年前と比べて、びっくりするくらい変わっていなかった。確かに、高層ビルはいくつもある。車も何倍にも増えた。だが、逆にいえば、それだけである。この時代、十年、足を遠ざければ、まるで別人のように変わってしまう土地が多いなかで、ヤンゴンは根本的に何も変わっていないように見えた。

イギリス植民地時代の古い街並み、頬《ほお》や額にタナッカーというベージュ色の化粧を思い思いの模様に施した女性、歩道や路地には麺《めん》や揚げ物の屋台がひしめき、果物や野菜であふれたかごを頭に載せて物売りが通り過ぎる。

歩道にはままごとのように小さいテーブルと腰掛が出され、男たちがコンデンスミルクのたっぷり入ったチャイを昼間から飲んでいる。その色、音、匂いの何もかもが懐かしかった。

この直射日光の下で揚げ物の油は傷まないのかとか、茶屋でとぐろをまいている男たちは仕事はどうしてるのかという疑問すら前と同じで、ヤンゴンは変わらなくてもいいが、十年間進歩のない凡庸かつ卑近な自分の感性に不安を覚えるくらいである。

西洋文化も驚くほど入っていない。まだ鎖国が続いているような気がする。

ヤンゴンへ来る飛行機では、ＫＦＣつまりケンタッキー・フライド・チキンを山のように抱え、ハーフパンツにスニーカーという、いわゆるヒップホップ・スタイルのミャンマー人の若者たちを見かけた。

「おお、ミャンマーの若者も東京の若者と変わらんのだな」と少なからず感銘を受けたものだが、街中《まちなか》にはKFCは存在しなかった。

KFCだけでなく、マクドナルドもミスタードーナツもない。あるのは「フライドチキン・トーキョー」とか「マックバーガー」とか「ミスターJドーナツ」という怪しげな現地のファストフード店だけだ。

幕府が南蛮資本を嫌がっているのか、南蛮諸国が幕府を避けているのかわからない。ただ、一つわかったことがある。あの若者たちが抱えていたKFCはおそらく「外国土産《みやげ》」なのだろう。

そしてなにより、みんな、ちゃんとロンジー（ビルマ式腰巻き）をはいている。男も女も老いも若きも。女性の腰巻きは正確にはタメインというが、まあここはロンジーを総称としておく。

ジーンズ姿の若者もいるのだが、「最近、そういう若者が増えてきた」といわれた十年前より特に増えたという感じはない。ヒップホップ・スタイルに関しては皆無である。あのフライド・チキンの若者たちも、帰国するなり急いでロンジーに着替えてしまったのだろうか。

それにしても、このグローバリズムの時代に、正装としても私服としてもロンジーを着用し続けているというのは驚くべきことだ。世界がちがうというより、時代がちがうというほうが実感に近い。

いちばん不思議なのは、それが政府によって強制されているわけではないということだ。例えば、ジーンズは道端でいくらでも売られている。テレビをつければ、ドラマの俳優も、ロックやポップス、それからヒップホップのグループ（ちゃんといるのだ）などはごくごくふつうの西洋風のファッションをしている。

「どうして彼らはロンジーをはかないの？」とタクシーの運転手に訊《き》いたところ、「ロックやヒップホップでロンジーをはいてたらおかしいじゃないか」と笑われてしまった。「じゃあ、どうしてふつうの人たちはジーンズをはかないんだ？」と再び訊くと、「ロンジーのほうが便利だ。洗濯も簡単だし、すぐ乾くし、手を拭《ふ》けるし、涼しいし……」と、これまた「つまらんことを訊くな」というふうにさとされてしまった。

日本のように芸能人のファッションを真似《まね》するなんて、ばかげていることだとミャンマーの人々は知っているのかもしれない。

たしかに、ロンジーはさっと洗えて、しかもすぐ乾く。日向《ひなた》におけば、十五分くらいではけるようになる。

もう一つ、ロンジーには優れた利点がある。

船戸さんは尿意を催すと、人目を気にせず、街のどこでもすぐ立ちションをするのだが、行きかう人々がみんな、その様子をじっと見ている。ミャンマー人が立ちションしているのを見たことがない。

「恥知らずな南蛮人め」と苦々しく思っているにちがいないと思い、私は船戸さんが催したとき、なるべく離れていることにしたが、離れて手持ち無沙汰《ぶさた》にしていたときに発見した。

ミャンマー人も野外放尿をせっせとしているじゃないか。バス停付近ではそこら中でやっていた。しかし、立ちションではない。しゃがんで、ちょっとたくしあげた腰巻きの間から放尿するのだ。こちらは不思議と目立たない。

船戸さんを注視していたのは、野卑だからでなく、やり方が珍しいからなのだ。突っ立ってジーンズのファスナーを開けて小便するなんて。やっぱり、南蛮の奴《やつ》は変だ、と思っていたのかもしれない。

「鎖国同然」をありありと感じるいっぽう、柳生の気配はない。

二人きりでべったりしているのも飽きたし、半分は柳生の監視を確かめる意味で、私たちはそれぞれ単独行動をとることにした。勝手に街をぶらついたのである。

夜、ホテルに戻ったとき、船戸さんは「さっき、片言の日本語を話す若い男が一時間もあとをついてきた」と言ったが、よく話を聞けば、柳生どころか物売りですらなく、ただ単に日本語を勉強したかった青年を船戸さんがこれ幸いとガイド兼通訳代わりに街を引きずりまわしただけのようだった。

いっぽう、私も「英語を勉強したい」という少数民族のカチン人の若者と出会った。父親が軍の少佐であるというから用心したものの、「外国に行きたいんだけど、ビザ代をエージェントに払わなければならない。ほんとうは日本がいいけど五千ドルもするから、四千ドルでビザがとれる韓国に目標を定めている……」と、どう考えても闇相場《やみそうば》とおぼしき金額を国別に熱心に教えてくれるので無害なようだった。

私が二年前にやむを得ず覚えた片言のカチン語を話したらすっかり喜び、「彼女がいるんだけど、むこうはビルマ人の仏教徒で、こっちはカチンのクリスチャンだから、なかなか難しくて……」などと、会話はどんどん親密さを増したが、結局、あまり親しくすると、あとで柳生一族に露見して、彼がトラブルに巻き込まれる恐れがあったので、それっきり会うのはやめた。もし、私が「好ましからざる外国人」ということになると、関係した人間に芋づる式に柳生の手が及ぶ可能性がある。

彼だけではない。私には、タイ、中国、そしてミャンマー国内に独立運動を支持している少数民族の友人がいる。民主化運動を支持している友人もいる。あるいはどちらにも関わっていない友人もいる。

また、日本でもミャンマー人の友人がいて、彼らから「××に行ったらぜひうちの実家へ行きなよ」「ぼくの友だちに会いなよ」と紹介されてもいた。全部合わせたら何十人に膨れ上がるのかわからないくらいだったが、今回は全部 諦《あきら》めた。万一、所持品検査を受けたら彼らに迷惑がかかるので、住所録も持ってこなかった。つらい決断だったが、それも同じ理由である。

それなのに。

二日経っても柳生はいっこうに姿を見せない。余裕綽々じゃなくて、私たちに気づいてないのかもしれない。こんなことなら、いろいろな人に会えたじゃないか！　でも、連絡先がわからないから手遅れである。

しかたがないので三日目に、こちらから柳生のみなさんを呼びに行った。例の柳生直営の旅行会社ナーガ・トラベルだ。

どうして、わざわざ監視下に入るのかと訝《いぶか》る向きもあろうが、船戸さんがミャンマー大使館の参事官と約束をしている。男の約束は破れない。

それに、「その旅行会社を使えば、あなたの行きたいところはミャワディ以外、どこでも行くことができる」と言われていたのが大きかった。

ミャンマーは個人でふつうに旅行できるところは、国土の十分の一もない。その他は、一部が条件つきで開放されているが、それも許可を取得するのに最低一カ月かかるといわれている。

つまり、今回は異例の好条件を提示されているのだ。ミャワディとはタイ国境の町で、ここだけはまだカレン人のゲリラが戦闘を続けているので無理だという。

私たちは、参事官に教えられていた住所を頼りに、街の中心部から少しはずれたその会社へ出向いた。古ぼけたビルの三階だ。エレベーターは止まっている。ビルがぼろいせいかと思ったらちがった。故障ではなくて、停電だ。ホテルには自家発電の装置があるのでわからないが、このオフィスに都合四回訪れ、そのうちエレベーターが動いていたのがたった一回だったから、ヤンゴンの電力事情はひどく悪いと想像された。

オフィスは見た感じ、ふつうの旅行会社のようだった。目つきの鋭い男もいない。応対した若くて美人の女性は感情をほとんど表に出さなかったが、それは極秘任務に携わっている者特有の無表情さではなく若い美人特有の冷淡さのような気がした。被害妄想かもしれないが。

私たちが経緯を説明し、訪問したい場所のリストを提出すると、彼女は「許可には一週間かかるから、また来週、来て下さい」と淡々と述べた。

「来週って、何曜日の何時です?」と訊《たず》ねると、

「さあ。一週間後の同じ時間に来ればいいんじゃないですか」

彼女は他人事《ひとごと》のように答えると、さっさと席を立った。

私たちは唖然《あぜん》としてしまった。これからさらに一週間もぼーっとしてろというのか。そ

りゃ、ヤンゴンはのんびりしたよい町だが、こっちは遊びに来たわけじゃないのだ。

「柳生、仕事すべし！」

そう言いたかったが、そんなことを言ってもしかたない。柳生を怒らせるのはもちろん、若い美人の機嫌を損ねたくはない。そこで、私たちはミャンマー大使館との約束を反故《ほご》にし、はからずも一週間、自由に旅行せざるをえなくなった。

それもこれも、柳生の怠慢のせいである。

幕府にたてつく人々

恐怖の諜報《ちようほう》工作機関にして、私たちを監視するはずの柳生一族。しかし、彼らに会うこともできないまま、私たちは入国四日目に、ヤンゴンから東南へ百五十キロほど離れたモン州の州都・モーラミャインという町へ車で向かった。

といっても隠密行動ではない。それどころか、かなり目立っているようで、ときどきすれ違う車の運転手や道をそぞろ歩く人々がじっと私たちの車を眺めていた。私たちの正体が露見していたからではなく、車の上に「ＴＡＸＩ」という表示が出ていたからだろう。

こんな田舎道《いなかみち》で、ヤンゴンの市内タクシーが走っているのは珍しいのだ。どうして私たちがヤンゴンの市内タクシーで旅をしているのか。それは船戸与一の眼力のおかげともいえる。

前日、船戸さんがひとりで暇つぶしに街をぶらつこうと通りがかりのタクシーを拾った。で、「ミャンマーではみだりに政治の話をしてはいけません」というガイドブックの教えなどまったく無視して、いきなり運転手に「あんた、アウン・サン・スー・チーをどう思うか？」と訊いた。

すると、運転手は「あー、好きだよ」と答え、そのあと、「一九八八年の民主化動乱のとき、政府は死者千人などと言ってるけど、ほんとうは一万人くらい殺されたんだ」とか「ここは市民や学生の遺体が軍のトラックで運ばれて、捨てられたんだ」などと気さくに案内してくれたのだという。

一目で反体制支持の人間を見抜くとは船戸与一の直感おそるべしである。

せっかくだから、この運転手のタクシーを借り切って、これまた暇にまかせてモーラミャインへ行くことにしたのだった。モーラミャインに格別の意味はない。もしかすると、許可が早く下りるかもしれないから、あまりヤンゴンを空けたくない。一泊二日くらいで行けて、少数民族が多そうな町を地図で探したらたまたまモーラミャインが目に留まったというだけのことだ。

ところが、話はそう単純ではなかった。いざ、タクシーがホテルに迎えに来れば、助手席にもうひとり別の男が乗っている。第三世界では、よくタクシーに運転手のほかに別の人間が乗ることがある。途中で運転を代われるとか、トラブルに見舞われたとき（故障だとか官憲に言いがかりをつけられたときとか）に二人いると便利だとか、ただ単に「仲間がいないと淋《さび》しいから」という理由からである。

「一緒にタクシーをやっているぼくの兄貴だ」と運転手は紹介した。兄貴といっても、たぶん従兄《いとこ》かなんかだろう。名前をアウン・ティンという。運転手は三十歳そこそこだが、こちらはもっと歳がいっている。英語もうまく、てきぱきとして外国人に手馴《てな》れた感じだ。

せっかくもっと民主化支持者の本音を聞こうと思っていた私は、ちょっと失望した。人のよさそうな運転手の兄ちゃんひとりなら、何でも話しそうな気がしたが、こちらはもっと用心深そうである。それどころか、この男が柳生の手の者という可能性だってある。私は「下手《へた》に話を政治問題へもっていくまい」と思った。

しかし、ヤンゴン市内を抜けて、草葺《くさぶ》きの家と田んぼに景色が変わったころ、船戸さんはまた唐突に訊いた。

「あんた、アウン・サン・スー・チーは好きか？」

すると、助手席の男は、さきほどの世間話の続きみたいな調子で、「もちろん」と答えた。そして、政府の批判をとうとうと述べ始めた。私は拍子抜けしてしまった。

その後も何度かタクシーに乗ってわかったことだが、タクシーの運転手には英語を話せる人が多く、そういう人たちはたいてい「民主化」「スー・チー支持だ」と当たり前のように答えるのだった。

ところが、ジャーナリストにしても研究者にしても、私と同様、用心しているのでふつうは直接そんなことを話題にしない。船戸与一のすごさは直観力ではなく、無造作なところなのである。

「この国は汚職がひどい」とか「軍とつながりがないと何もできない」とか「軍が政権を手放さないかぎり、ミャンマーに未来はない」といったアウン・ティンの批判をBGMのように聞きながら、ときにゴムの林を抜け、ときに石灰岩質の巨大な岩山がぼこぼこと立っている平原を走った。

彼の意見は手厳しいが、そこには「苦しい胸のうちを吐露している」といった印象は皆無だった。まるで東京の人間が自民党政治を批判するような、あまりに日常的な口調だったので、「ミャンマーはもう民主化してしまったんじゃないか」という錯覚にとらわれたくらいである。

話をしていてわかったのだが、このタクシーはアウン・ティンがオーナーだった。彼は船乗りが本職で、一年の半分くらいは船に乗っているという。国内にいるときはヒマなので、弟分と交替で自ら運転手を務めている。

彼は南米からアフリカ、ヨーロッパまで、船戸さんや私に負けないくらい世界中の国を訪れていた。見識が広いわけだ。驚いたことに日本にもよく行くらしく、こと港町に関しては私よりはるかに詳しかった。当然、東京にも何度も行っている。

中でも、「高田馬場《たかだのばば》でビルマ料理屋に行くのが楽しみだ」と語っていた。私は長らく高田馬場近辺に住んでいて非常に詳しい。

「それ、どの店？」

「ナガニだよ」

「あー、知ってる、知ってる！　駅前のマクドナルドの裏側を奥に入ったとこだよね」

などと話がにわかに人畜無害なローカルな内容に転じた。

高田馬場は早大生の人口密度が日本で最も高い場所だが、同時にミャンマー人の人口密度が日本で最も高い場所でもある。何か関係があるのだろうかと前から考えているがわからない。アウン・ティン自身、高田馬場に住む友人から、「日本へ来て一緒に商売をやろう」と言われていると話した。

彼は「キモノ」のこともよく知っていた。キモノとは和服のことではない。和服の素材を使って作った特製のロンジー（ビルマ式腰巻き）である。発明者は増田さんという渋谷在住の布団屋さんである。もう九十歳を越しているがまだ現役で頑張っているすごい人で、前にお目にかかったことがある。（増田さんは二〇〇五年末に死去）

増田さんは第二次大戦中、かの有名なインパール作戦に兵士として参加、たまたまエーヤワディ河（イラワジ河）を船で物や人を輸送する部隊に所属していたため命拾いをし、また村の人々に協力を頼む役目がら日本兵としては異例なくらいビルマ語が達者になったという。

戦後、布団屋をはじめ、それが軌道にのると、戦友の墓参や世話になったビルマ人にお礼参りをするために、ミャンマーへ行くことになった。そのとき、お土産として考案したのが高級布団地を利用したロンジーだった。日本の布団は寝具としては不自然なくらい華やかである。そこに目をつけたわけだ。

京都の呉服屋に頼んだところ、最初は向こうもわけがわからず困惑したそうだが、できあがった製品はミャンマーの人々の間ですごい人気を呼んだ。中には西陣織まであるのだから、それはすごいに決まっている。

ミャンマーでは最高級ロンジーとして「キモノ」という名前が定着した。あまりに要望が多いので、増田さんは本格的にキモノの販売をはじめた。といっても、わざわざ輸出する必要はなかった。ミャンマー人の船乗りが渋谷まで買いつけに来たからだ。船員たちはそれを母国で、高く売るのである。

最盛期は七〇年代で、その頃は京都の呉服屋が増田さんに「頼むからうちでもキモノ・ロンジーを作らせてくれ」とお願いするくらいだったという。その後、日本の物価がどんどん上がったせいもあり（六〇年代は日本とビルマの経済水準はさして変わらなかった）、キモノの売上げは落ちていった。

「最近はもう船乗りは来なくなったねえ。日本も景気が悪いけど、ミャンマーはもっと景気が悪いみたいだねえ。買いに来るのは、もっぱら日本在住のビルマ人の人たちだよ」と増田さんは語っていた。

ところが、アウン・ティンは今でも東京に行く度にキモノを買い付けていると言う。ただし、増田さんのことは知らなかった。

「高田馬場に住んでいるビルマ人から買うんだよ」とのことである。値段は現在、一枚五千円。

「え？」と驚いた。増田さんは一枚千五百円で売っていたからだ。高田馬場のビルマ人は三倍以上に値を上げて、同胞の船員に売りさばいているのだ。

それでも、ミャンマーに持ち帰ると、よい値段で売れるというから、今でもよほど人気があるらしい。ちなみに、アウン・ティンは諸外国から中古の電気製品やら何やらを買い込んで、私物としてヤンゴンに持ち込み、金を稼いでいる。

このタクシーもそうして買ったものだった。十年落ちのトヨタ・カローラだがミャンマーの現地通貨で三千万チャット（約四百五万円）もするという。月収平均五千円程度のミャンマー人にとっては天文学的な数字である。

前々からミャンマーにおける車の値段の高さは耳にしており、いったいどういう人間が車など買えるのかと思ったら、例えばアウン・ティンみたいな人だった。キモノも多少はこの車を買うのに役立っているはずである。

なんだか、このぼろい中古車が日本とミャンマーの深くて込み入った歴史の生き証人のような気もしてきたが、陽も傾いたころ、その車がトラブルを起こした。

休耕中の田んぼが見渡すかぎり広がり、あたかも大平原の一本道みたいな場所を通過しているとき、突如エンコしてしまったのだ。歴史の生き証人にこんなところで死なれても困るので、私たちも降りて、一緒に車を押したりしたが、エンジンがどうしてもかからない。キャブレターがいかれてしまったようだ。

アウン・ティンと運転手は必死でエンジンをいじくっている。彼らは私たち客人に迷惑をかけたことをしきりに気にする。私たちはこんなことには慣れっこなので、何とも思ってないのだが、彼らは恐縮しきっている。

しまいには、運転手が「近くの町まで修理工を呼びに行ってくる」と、もと来た方向へ走り出した。沈みはじめた夕陽を目指すように、腰巻きにぞうりをはいた男は大平原の彼方《かなた》に消えていった。

近くの町といってもたしか最後に通り過ぎた町はここから十キロ以上ある。もしかしたら、二十キロくらいあるかもしれない。とても、都会のタクシー運転手がぞうりで走っていける距離ではない。早まったものである。

思ったとおり、一時間たっても彼が帰ってくる気配はない。そこで今度は兄貴分のアウン・ティンが「ぼくが行ってくる」と通りがかったトラックを止めて、しかし、弟分とは反対方向、つまり東に旅立ってしまった。

どうせなら同じ方向へ行けばいいのに。そうすれば、途中で彼を救出できるのに。何を考えているのかよくわからない。

私と船戸与一は故障したタクシーと一緒に、大平原の真ん中にぽつんと残されてしまった。しばらくは、船戸さんが紫煙をくゆらしながら、「乗り物トラブル一代記」みたいな話をしていた。

学生時代、アラスカの村に住んでいたとき、犬ぞりに乗って酒を買いに行こうとしたら吹雪《ふぶき》にあって凍死しそうになったとか、南米のペルーでレンタカーを借りて運転していたとき、警官に止められたので、パスポートを見せようと懐《ふところ》に手を入れたのはいいが、高山病で手がうまく動かずもぞもぞやっていたら、警官隊に銃で撃たれそうになったとか……。

一時間以上、世界のあちこちでさんざん死にそうになったり殺されそうになったという話を聞いたが、二人とも戻ってこない。さすがに、ネタが切れたようで、船戸さんは「ちょっと、おれ、糞《くそ》してくる」と言って、道からはずれ、北の方角へ消えていった。そして、十分、十五分とたっても、戻ってこない。

どうして、三人がみな大平原の彼方に消えてしまうのだろう。しかも、みな別々の方角に。そして、どうして帰ってこないのだろう。あとは、私が南の方角へ消えれば「そして誰もいなくなった」的に物語がきれいに完結しそうだが、そんなわけにもいかないので、ひとりで車の番をしていた。

この近くに町はないが、民家はぽつぽつと点在する。そういう家に住んでいると思われるおばさんたちが頭に野菜の入った籠《かご》をのせて通りかかり、私を奇異な目で見た。

そりゃそうだ。こんな大平原の真っ只中《ただなか》で、ヤンゴンのタクシーがちんまり停車しており、その横で明らかに外国人とわかる男がひとりさびしげな様子で路上にぺったりと腰を下ろしているのだ。

ミャンマーでは五人組のようなシステムがあり、近所に何か不審なことがあれば、組長を通して柳生一族もしくは町奉行（警察）に通報する義務があると聞いている。もし、それを怠ると、五人組が全員、罪に問われるという。

例えば、ミャンマーでは外国人を国民が許可なしに自宅へ泊めることはできない。こっそりやろうとしても近所の目があるから、よほど親しくなければそういうお誘いは来ない。下手をすれば、外国人が家を訪ねただけで近所から通報されることもあるといわれる。独裁社会につきものの密告制度で、ミャンマーの並外れた治安のよさは一つにはそういうところに起因する。

今の私は思いきり不審な状態なので即刻通報されてもおかしくないと一瞬身を固くしたのだが、考えてみれば、通報してくれたほうがありがたい。というより、できるものならぜひ通報してほしい。通報してくれれば柳生がようやく私たちの存在に気づいて救出に来てくれるだろう。

実際、通報の手段がないから、みなさん、思い思いの方角に散ってしまったのだ（船戸さんについては便通の場所を探し求めてであるが）。ミャンマーの田舎は大半がそうであるように、ここには電話はおろか電気もきていない。

しかたなく、へへへと薄ら笑いを浮かべたところ、おばさんのひとりが「あんた、どうしたの？」と訊いてきたので、私は知っているビルマ語をつなぎ合わせて答えた。

「車が壊れました。友だちはみんな町へ行きました。修理してくれる人を呼ぶためです。彼らはきっと帰ってきます。ぼくはここで待っています」

なにやら、自分が健気《けなげ》な子どもになったような気がした。おそらく、おばさんたちもそう思ったのだろう。優しく「うん、うん」とうなずき、くすくす笑いながら去っていった。

ちょっと不本意だったが、どことなく心が和んだ。

ミャンマーの田舎は密告もできないよいところである。

こんなトラブルもあったが（実際たいへんだったのだがおもしろい話ではないので詳細は省く）、私たちは無事にモーラミャインにたどりつくことができた。船戸さんは彼ら、特に聡明で気がきき英語もうまいアウン・ティンが気に入ったようである。

翌日モーラミャインからヤンゴンに戻ったときである。

ホテルのロビーで、船戸さんは彼らを口説いた。われわれが取材に来ていることを明かしたうえで、「今度、軍情報部の手配で全国を回《まわ》るのだが、通訳として一緒に来ないか」といつものように単刀直入に誘った。船戸さんはやはり柳生の人間だけと一緒に行きたくなかったのだ。しかし、それはあまりに無理な相談だった。

彼らは突然、目を見開き、顔を強張《こわば》らせた。そして、「ここでそんな話をするのも危険だ」と小声で即座に断り、そそくさと腰をあげた。「今度、別の旅行に行くときにはまた頼むかもしれない」と船戸さんが重ねて声をかけたが、彼らは「はあ……」と生返事をかえすのみ。もう明らかに私たちと関わりになりたくない様子であった。

柳生の影がさした。本人たちはいっこうに姿を現さないのだが。

幕府の豆鉄砲狩り

モーラミャインから戻り、柳生直営のナーガ・トラベルに電話したところ、「まだ許可が下りていない。あと何日かかるかわからない」と素っ気ない答えだった。

柳生がいつまでたっても出現しない。しかたなく、私たちはヒマに任せて、今度はモウラミャインとは反対側、つまり西へ向かって二泊三日の小旅行に出かけた。行く先はミャンマー第四の都市と言われるパテイン周辺である。

チャーターした車は、またもや市内を移動中にたまたま拾ったタクシーで、運転手はゾウ・ティンという四十代の男だった。

ゾウ・ティンは体型こそのっそりしているが目に知性の輝きがある。私たちと彼の三人を並べて、任意の第三者たちに、純粋に見かけから「教養人は誰か？」という質問を行えば、きっと①ゾウ・ティン、②私、③船戸与一の順になるにちがいない。

彼は父親が退役した軍の将校であり、本人も海軍に八年も所属していたという。言ってみれば、旗本か御家人《ごけにん》の家庭に育った人間で、ふつうに考えれば「幕府側」のはずである。

ところが、念のため、「アウン・サン・スー・チーをどう思うか？」と訊くと、「もちろん、支持してるよ」とあっさり答える。「え？」という感じだ。

さらに、「スー・チーを支持してる人は多いの？」と訊けば、またしてもつまらないことを訊くもんだという調子で、「軍人以外は全部スー・チー支持だよ」とこれまたあっさりばっさり。終わりに、「ワトソン君」という呼びかけのセリフがつけられそうであった。

これにはちょっと驚いた。彼自身はもう幕府の禄《ろく》を食《は》んでいないとはいえ、れっきとした旗本の子弟までがそこまで言うとは、よほどのことであろう。

彼は、通信制ながらも大学を卒業しており、先日、一緒に旅をした船乗りのアウン・ティンよりもさらに教養と知識が深かった。アウン・ティンの幕府批判はぼんやりしたものだったが、ゾウ・ティンの話はもっと具体的であった。

例えば、「ヤンゴンで家を建てる場合、近くに軍人の家がないかどうか、ちゃんと調べないといけない」という。「もし、軍人の家があれば、そのうち彼らが敷地を勝手に拡張して、土地を没収される恐れがある」とのことだ。ヤンゴンで不動産を購入するのは、東京よりもさらに気を遣う必要があるようだ。

それから、ヤンゴン大学が完全に閉鎖されてしまったというのも彼に聞いて初めて知った。

ヤンゴン大学の学生は八八年以来、民主化運動の中心的役割を担っていた。だから、幕府はそれを閉鎖したり再開したりを繰り返しているとは聞いていたが、九七年にヤンゴン大学を市内から追い出し、郊外へ移転させた。しかも、大学院だけを残し、学部はもう学生をとらないことにしたという。ヤンゴン大学だけではない。マンダレー大学も同じ処分を受けたという。

日本でいえば、ヤンゴン大学とマンダレー大学はそれぞれ東大と京大にあたる。その二つの大学を郊外に追放したあげく、事実上潰《つぶ》してしまったというのだから、幕府も思い切ったことをするものだ。そりゃ、学生や知識層は怒るだろう。

パテインの町で、夕暮れ時、茶店でコンデンスミルクのたっぷり入ったチャイを飲んでいたときにも、同じような感想を抱《いだ》いた。

隣のテーブルというかちゃぶ台に四人ほど若者がいて、ちょっと話をしたのだが、彼らはみな地元のパテイン大学卒で銀行に勤めているが、内勤ではない。警備員だという。これまた厳しい話だ。パテインはミャンマー第四の都市なのだ。喩《たと》えるなら、東北大を出て、仙台の銀行で警備員をやってるようなものか。

しかし、それはまだマシなほうかもしれない。その茶店で、お茶を淹れているやはり若い男は、メガネをかけ、訛《なま》りのない流暢《りゅうちょう》な英語を当たり前のように話す、いかにもインテリ然とした青年だった。

船戸さんが「練乳は抜きにしてくれ」と何度も言うのに、やっぱり甘いチャイを出したから、人の話はあまり聞いてないのかもしれないが、それも他人の話はあまり聞かないタイプのインテリという感じであった。どちらにしても、ミャンマーという国は、無造作にインテリが巷《ちまた》に転がっているのが一つの特徴だといってもいい。

彼らもゾウ・ティンの言うとおり、スー・チー支持であっても一向に不思議ではない。

この街も、モウラミャインと同様、部分的にしか街に電気が通っていない。全国で四番目に大きい都市なのに。

赤い夕陽が沈んでいくと、建物も車も赤く染まり、ゆっくりと陰影を深めながら、闇に沈んでいく。まるで、昔のSFによく出てきた核戦争後の世界のようで、自分までもが終末を迎えたかのような気がした。しかし、それは思ったより甘美な味わいがした。


いっぽう、農民はどうなのか。

実は、倒幕派である民主化運動について、農民の考えというのはあまり表に出てこない。一つには外国人の研究者、ジャーナリスト、人権運動家が接触するのがもっぱら江戸ヤンゴンや大坂マンダレーの都市民だからだ。

今回、たまたま私たちは運転手ゾウ・ティンの故郷を訪ねることができた。

街道をはずれ、未舗装道路を一時間以上、土ぼこりをあげて走ったあと、さらに車を降りて田んぼのあぜ道を三十分歩いた。典型的なミャンマーの農村だ。

まあ、彼の老母に会って、挨拶《あいさつ》したり、妹の嫁ぎ先でヤシ酒をもらってがぶ飲みしたりと、のんびりとした田舎の空気を味わっただけであるが、一つなかなか興味深いことがあった。

村の周辺を散策中、ゾウ・ティンが畑にずかずかと入り、おもむろに作物をつかみあげた。

大豆に似ているが、色はもっと黒っぽい豆である。それを何粒かちぎりとって、ゾウ・ティンは妙なことを言う。

「この豆はマ・ペというんだけど、十年くらい前まで政府が栽培を許さなかった。これは銃弾になるからだよ」

「え？　銃弾？」

意味がわからない。豆がどうやったら銃弾になるのか？　豆鉄砲でもあるのか？　あっても豆鉄砲じゃ鳩《はと》を驚かせるのが関の山であろう。というより、話を聞いている私のほうが豆鉄砲を食らった鳩状態だ。しかし、ゾウ・ティンは近くの農夫にも確かめており、その男もうんうんとうなずいていた。

あとでヤンゴン出身の知り合いに聞いたら、「それはほんとうだ」という。「マ・ペは固いので政府が統制し、勝手に作ることは許されなかった。許可を得ても、固くなる前の若い豆を料理に使った」というのだ。

刀狩りならぬ豆鉄砲狩りか。幕府の疑心暗鬼はそこまで進んでいたのか。

だが、さらにあと、帰国してからミャンマーの農村経済を専門とする東大の先生に確認すると、「そんな話は聞いたことがない。かつてはいろいろな農作物が『統制作物』に指定され、マ・ぺもその一つにすぎなかっただけだろう」という。

つまり、この先生によれば、疑心を抱いていたのは農民側ということになる。

この「疑惑の銃弾」の真相はわからないが、幕府と農民が互いに強い不信感で結ばれていることを表しているとはいえる。農民からすれば、「お上はどんな理不尽なことでもやりかねない」ということなのだろう。幕府も「そんな非常識な農民は何をしでかすかわからない」と思っているのかもしれない。

過激なのか呑気《のんき》なのかもわからないくらい常軌を逸した豆鉄砲狩りの話だった。

ミャンマー幕府成立とスー・チー千姫

しかし、だ。では、ゾウ・ティンが幕府のやることなすこと、みんな否定しているかというとそんなことはなかった。

例えば、彼はビルマ人ではなくて、カレン人だ。

カレン人はミャンマーの少数民族の中で二番目に数が多く、植民地時代にイギリス人が――お得意の分断統治で――カレン人を兵隊や警察に多用し、ビルマ人らを抑え込む手先に使ったため、独立後ビルマ人から復讐《ふくしゅう》を受けたなどという歴史的経緯もあり、いちばん長く、しつこく反政府武力闘争を続けている民族である。カレンのゲリラは独自にタイとの国境貿易で資金を得て、闘争を続けているという点で、薩摩島津藩に似ているかもしれない。

カレン人はタイ国境付近から、イラワジデルタ、ベンガル湾に面した「ミャンマー西海岸」地域にも広く住んでいる。ゾウ・ティンもパテイン近辺のカレン人だ。

しかし、ゾウ・ティンは、カレンのゲリラを含む少数民族ゲリラにはまったくシンパシーを感じていない。

「彼らは無闇に乱暴をはたらくので住民からは支持されていない。だいたい、少数民族が独立したら、ミャンマーはバラバラになってしまう。それは絶対によくない」

そうきっぱり答える。これは幕府の意見と同じである。

「ああ、やっぱりそうなのか」と私は思った。というのも、彼の意見は幕府の意見と同じだけでなく、アウン・サン・スー・チー（以下、長いので「スー・チー」と略す）の意見とも一致していると思われるからだ。

これは、前々から私が違和感を覚えていたことだが、「民主派＝スー・チー派」という、あまりに強固な図式ができあがっている。スー・チー派以外でも民主派のグループはいくつもあるのだが、それらはいずれも弱小で、ふつう、誤差の範囲であるかのように切り捨てられている。これがミャンマーの民主化運動が中国や他の国のそれと明らかにちがうところである。

なぜ、そうなったのか？　それはすべてスー・チーの父、アウン・サンとミャンマー（当時はビルマ）独立にまで話がさかのぼる。それは、そんじょそこらの小説よりはるかに面白い物語として語られうる。

まず、イギリス植民地支配からいかに抜け出して独立するかがアウン・サンらの目標だった。彼らは、ビルマを脱出して中国に向かうが、途中で日本軍につかまる。そこで、鈴木大佐という人物に説得され、彼が率いる「南機関」から軍事教練を受け、日本の後ろ盾をもってイギリスからの独立を目指すことになった。

アウン・サンらは全部で三十人いた。日本軍は彼らを「ビルマ版明治維新を目指す者」と位置づけ、「三十人の志士」と呼んだ。

それればかりか、それぞれに日本名を与えた。アウン・サンの日本名は「面田紋次」である（「面田紋二」だったという説もある）。ビルマの漢名は「緬甸《めんでん》」である。当時は（そして今でも一部の人は）「日緬の関係は……」などと言ったものだ。だから、ビルマを表す

「緬」を姓と名の二つに振り分け、「面田紋次《おもた》」と名づけたのである。

さしずめ「ビルマの紋次」であり、まるで「木枯し紋次郎」みたいだが、中村敦夫主演のテレビドラマはもちろん戦後だから、アウン・サンが先だ。もしかしたら、アウン・サンがモデルかもしれない（なんてことはないだろうが）。

しかし、このくらいで笑ってはいけない。ナンバー2のネ・ウィンなんか「高杉晋」である（読みはタカスギ・ススム）。南機関の人々がビルマ独立を明治維新に重ねたい一心でやったことなのか、それとも彼らがユーモアのセンスにたけていたのか、今になっては不明だが、とにかく事実である。

もっとも、今、日本の相撲界《すもうかい》がヨーロッパ出身の力士を「琴欧州」、アルゼンチン出身の力士を「星誕期《ほしたんご》」などと大マジメに名づけているから、それと同じセンスなのだろう。しかも、本人たちも「おい、面田」「なんだよ、高杉」というように日本名で呼び合っていたのだ。琴欧州と星誕期が互いにそう呼び合うように。

日本軍がヤンゴン（当時はラングーン）を占領し、新しいビルマの統治者となった一九四三年、東条英機がビルマ独立を宣言した。面田紋次は国防大臣、高杉晋は軍司令官におさまったが、これは面田紋次や高杉晋と彼らを支持する南機関までも裏切る傀儡《かいらい》政権であった。面田紋次らは密《ひそ》かに反日工作を進め、四五年、突然、日本の軍事顧問団を十数人、射殺して叛旗《はんき》を翻《ひるがえ》した。ここで、日本軍のビルマ作戦は命を絶たれたようなものであった。

第二次大戦終了後、紋次はビルマ独立のために奔走する。紋次の理想は何だったのか。外国からの干渉を排除してビルマが自立すること。民主的な国家を建設すること。そして、ビルマ人に反抗的な少数民族をなんとか取り込んで国家統一をすること。

私の考えるところ、主にこの三点だったと思われる。

ところが、面田紋次が独立直前の一九四七年に暗殺されてしまったことで、ビルマの歴史は大きく変わってしまった。独立は達成されたものの、政治家たちは内輪もめばかりしている。少数民族は不満を募らせ、ビルマ連邦から分離独立したいと言い出す。

このままではビルマはめちゃくちゃになる——そう思ってクーデターを敢行したのが、高杉晋率いる国軍だった。

ここに現在のミャンマー情勢の基本条件が全部詰まっている。

面田紋次ことアウン・サンは徳川家康だった。彼こそが徳川家（ミャンマー国軍）の祖だからである。

彼が求めたのは天下統一である。山岡荘八の小説では、家康は「天下統一をなしとげ、民衆が平和で安心して暮らせる社会をつくりたい」と思っていたことになっているが、ミャンマーの家康もそうであった。国家統一も天下統一も同じだろう。

ところが、このミャンマーの家康は、日本の家康とはちがっていた。武家政治を行おうとは思っていなかったし、しかも天下統一の目前で暗殺されてしまった。そして、江戸の政治が混乱し、外様《とざま》がコントロール不能になっていくなか、紋次アウン・サン家康の盟友にしていちばんの部下であった高杉ネ・ウィンが武力で政権を握り、一九六二年、幕府を打ち立てた。維新の志士・高杉晋が幕府を作ってしまったんだから、こんな皮肉はないだろう。

つまり、家康亡きあと、秀忠が幕府を開いたようなものだ。だから、ネ・ウィン秀忠は別にアウン・サン家康を否定して出てきたのではなく、それを受け継ぐ形で登場した。いまだに、ヤンゴンの中央市場は「アウン・サン将軍市場」という名前だ。どこの町へ行っても、いちばんの目抜き通りは「アウン・サン通り」とか「将軍通り」という名前だ。ミャンマーには将軍が百も二百もいるらしいが、ただ「将軍」といえばそれはアウン・サンのことである。それくらい尊敬されている。

当然といえば当然で、アウン・サン家康は徳川家の祖なのだから、それを否定したら徳川幕府が自分を否定することになってしまう。

実際、かつての高杉晋改めネ・ウィン秀忠は、それなりにアウン・サン家康の遺志を継いでいる。アウン・サン家康が重要視した三つの目標のうち、「国家統一」と「外国からの干渉を排除した自立」はちゃんと目指した。独裁政権につながる社会主義体制も実はアウン・サン家康が最初に考案したものだ。

ただ、手法は家康とちがって、強引かつ極端だった。幕府に刃向かう外様諸侯、つまり少数民族たちとは和睦《わぼく》でなく徹底的に戦った。「外国からの干渉を排除してビルマが自立すること」に至っては、非同盟中立を貫いたはいいが、東西冷戦にも中ソ対立にも巻き込まれたくないあまり、どこの国からも援助や貿易協定を断り、東南アジア諸国からも距離をとるという孤立主義を選んだ。事実上の「鎖国」である。

ビルマ式社会主義を標榜《ひょうぼう》し、国内の企業やビジネスをどんどん国有化した。言い換えれば、言いがかりをつけては大名を取り潰し、幕府の直轄にしたのだ。土地も国のものということで、天領をひたすら増やすことになった。

こうして、ミャンマー幕府は、ほんとうに江戸の徳川幕府にそっくりの政治体制を築いていったのである。

しかし、ミャンマー幕府は運が悪かった。これが四百年前ならともかく、二十世紀後半から二十一世紀の現代だ。三十年あまりかけ、外様諸侯の勢いもだいぶ封じ、さあ、いよいよこれからミャンマー幕府二百数十年の栄華がやってくると思いきや、いきなり黒船がやってきてしまった。欧米、特にアメリカが主導する民主主義だ。

しかもである。指導者に祭り上げられたのはこともあろうにアウン・サン家康の実の娘スー・チーだった。千姫あたりにしておこうか。ほんとうは千姫は家康の孫だが、前の統治者・豊臣《とよとみ》家に嫁いだこと、幕府成立後は忘れられた存在だったことが、やはり前の統治国イギリスに移住してイギリス人と結婚し家庭を持ち、ミャンマーの政治と無縁だったスー・チーと似ていなくもないからだ。

　スー・チーが突然現れたときのインパクトは、千姫が秀忠の時代に突然現れたようなものだったにちがいない。だから、ここでは勝手に千姫を仮に家康の娘ということにして、話を進めたい。で、スー・チー千姫が訴えたのは、徳川家（国軍）の否定ではない。

「幕府の行っている政治は、わが父家康公が望んだ政治ではありませぬ」と言ったのだ。

　これには幕府も困ってしまった。ただの民主化運動なら「それはわが国には合わない」と一蹴《いっしゅう》もできるが、アウン・サン家康の御娘《おんむすめ》だ。粗略には扱えない。だいたい、アウン・サン家康を否定したら、自分たちの出自も否定してしまうことになる。

　昔はビルマの紙幣はすべてアウン・サンの肖像が描かれていたが、少しずつ減らされ、今ではどうでもいい小銭にしか残っていない。そうして、徐々に先代・家康公の色を薄め、独自色を強めてきた二代目のネ・ウィン秀忠とその幕府といえども、結局できるのはその程度で全否定はできないのだ。

　幕府の情報部であり、絶大な影響力をもつミャンマー柳生の総帥キン・ニュン宗矩が、スー・チー千姫を何度も軟禁しておきながら、ときおり「私たちと彼女は兄妹である」という、一見不可思議な発言を行ったりもするのはそういう理由による。

要するに、アウン・サン家康が目指した三大目標のうち、「国家統一」を最優先するのが幕府である。「武家政治をやめて民主主義になったら独立を求める少数民族（外様諸侯）を抑えきれない」というのが幕府の立場だ。

いっぽう、なにはともあれ「民主主義」を最優先するというのがスー・チー千姫ということで、アウン・サン家康の直系を自認していることには変わりない。どちらも権力の正統性は、アウン・サン家康に依拠している。

だいたい、民衆がスー・チー千姫を熱狂的に支持している理由は——千姫本人がどう思っているかは別として——彼女がアウン・サン家康の娘だからだ。これは民主主義ではなく封建主義の思想である。

このように幕府対倒幕派は、全く異なった思想や出自のグループが正面衝突しているように見えるが、実際は「お家騒動」の側面もあるのだ。

そして、そのいちばんの証拠は、スー・チー千姫が少数民族問題について、何一つ具体的な提案をしておらず、少数民族のリーダーたちとそのテーマで議論をすることすら拒んでいる現状だ。

だから、私たちの運転手ゾウ・ティンが言う「少数民族の独立は認められない。ミャンマーは各民族が協力してつくる一つの国家だ」という主張は、そのままスー・チーの意見であると思われ、そしてその部分に関しては幕府の方針ともまったく変わりがない。

最終的には、幕府対倒幕派の争いは、「天下統一」、つまり外様諸侯（少数民族）の問題をどうするかにかかっている。そして、その鍵《かぎ》を握るのが他でもないキン・ニュン宗矩率いる柳生一族だと思われる。柳生一族が外様諸侯と最も太いパイプをもっているからである。

だからこそ私たちは柳生一族の旅行会社で辺境地域を旅することになったのだ。

そして、許可を申請してから六日後、書類が整い、私たちは翌日、柳生たちとの辺境ツアーに出かけることになった。

ヤンゴンに到着して十日目のことで、これからがいよいよ本番なのであった。

第二章

柳生三十兵衛《みそべえ》、参上！

監視を中断してお祈りをする柳生一族

柳生三十兵衛、参上！

十日も待たされて、ようやく「柳生一族と過ごすミャンマー辺境14日間」という奇妙なツアー旅行がはじまった。

首都ヤンゴンからまず飛行機で第二の都市マンダレーへ飛び、そこで待ち受けていたトヨタのフルタイム４ＷＤワンボックスカーに乗り込んだ。柳生一族とその配下の者が前後を固めている。読者の方はもう忘れてしまったかもしれないが、それが冒頭の印象的なシーンである。

そのシーンを確認しよう。

ハンドルを握るのはメガネをかけ、一人だけロンジー（腰巻き）をはいた中年の運転手。助手席には「セキュリティ（護衛役）」と称するピストルを腰に下げた体格のよい、運転手より少し若い男、後ろには柳生直営旅行会社ナーガ・トラベルのガイド、そして「運転手の友だち」と紹介された謎《なぞ》の男が座っている。

私たちはこれから北部の国境地帯へと向かうのだ。だが、取材旅行の内容がどういうものになるのかはいまだにわからないままだった。

そもそもこのツアーは、最初からひじょうに不透明感が高いものであった。

出発前日、ナーガ・トラベルのオフィスで、例の冷たい美人が差し出した請求書は、十三泊十四日で一人四千二十八ドルとなっているが、中途半端な額にもかかわらず、その内訳は一切ない。

その中に飛行機代、車のチャーター代、船代（船での移動もある）はもちろん、許可の申請費、宿泊代やガイド代、さらにはガイドなどスタッフの宿泊費・飲食費も含まれているという（私たち二人の飲食費は含まれない）。私たちの監視代もコミなのかもしれない。

私だけなら徹底追及するところだが、「そんなの、どうでもいいじゃねえか。行きゃわかるだろ」と船戸御大《おんたい》が頓着《とんちゃく》してないので、私も流れに任せることにした。

不透明なのは、それだけではない。

「スタッフ」というのがいったい何人で、どのように付いてくるのかも定かでない。

唯一わかったのは、ナーガ・トラベルのオペレーション・マネージャーなる男がガイド兼通訳として、全行程に同行するということだけだった。よくわからないが、その他のスタッフは現地へ行ってからその場その場で変わるらしい。

私はもっと細かいことが知りたかったのだが、ナーガ・トラベルの例の冷たい美人が不機嫌そうに「それは言えない」と言うし、船戸御大がこれまた「どうでもいいじゃねえか、そんなこと」とこちらも取り付く島がない。

なんだか、私ひとりが些細《ささい》なことを気に病む、ケツの穴の小さい男みたいな感じになってしまっている。不本意ながら、客として当然の権利である説明責任の要求をあきらめた。

出発の朝、ナーガ・トラベルのガイド兼通訳の男が、ヤンゴンのTホテルに早朝の五時ぴったりに現れた。時間通りである。

彼は「ジョーと呼んでくれ。私がすべて仕切る」と英語で短く言った。

歳は三十くらいだろうか。色は浅黒く、小柄だが、背筋がぴっと伸びている。ぴったりとしたスリムのジーンズに、アイロンのよくきいた上品なシャツを身に着けている。鬢付《びんつ》け油をつけているらしく黒々と艶のある髪を七三風に分け、風が吹いたりしてそれが少しでも乱れると、ジーンズの後ろポケットから櫛《くし》を取り出して整える。伊達者《だてもの》のようだ。少なくとも、スタイルには隙《すき》がない。櫛を入れている間も、絶えず周囲に目を配っている。この辺も隙がない。

私は緊張していた。ミャンマー柳生総帥《そうすい》のキン・ニュン宗矩自らが断を下し、許可が下りたツアーである。私はともかく、船戸与一はVIPであると同時に要注意人物だ。キム・ジョンイルが来日したようなものだ。いや、風貌《ふうぼう》からいえば、サダム・フセインのほうが近いかもしれない。

そんなことはどうでもいいが、とにかくわれわれを十四日間保護し、かつ監視する役目を任じられた男である。彼がどのような人物なのか、どのくらい「できる」男なのか、見極める必要がある。

そして、彼はスタイルに隙がなく、名前は「ジョー」であり、にこりともしない。私たちと必要以上の会話もしようとしない。「車に乗れ」「荷物をつめ」「ここでちょっと待て」とそのつど、短く告げるのみである。

私たちはナーガ・トラベルの送迎車で空港まで行き、ジョーと三人でチェックインの手続きをした。

空港出発ロビーでフライトを待っているとき、私は「日本のミャンマー大使館ではアウン・ゾウ大佐という人がこの旅行会社を統括していると聞いたが」とふってみた。

すると、「そうだ。彼は私の兄だ」とやはり短く答える。

「では、あなたも情報部に属しているのか？」と一歩踏み込むと、「いや……」と曖昧《あいまい》に否定して、「あ、ちょっと待っていてくれ」とすっと席をはずしてしまった。

軍情報部の現場を仕切る大佐の弟だが表向きは軍情報部ではない。

まるで、将軍家光の不興を買ったということで表向きは無役だったが、実は密《ひそ》かに裏の仕事にたずさわっていたと言われる柳生十兵衛のようだ。十兵衛は剣の修行という名目で諸国を放浪していたと言われる。同じように、ジョーは旅行ガイド兼通訳をしながら諸国の情勢をうかがっているのかもしれない。

　実際、ジョーはどこへ行っても顔がきくようだった。

　早朝六時という時間帯にもかかわらず、腰巻きの旅行者でごった返す空港内でも、彼が合図すると、列など無視して私たちが先に通れる。やはり腰巻きの空港職員や警備の兵隊たちと挨拶《あいさつ》や談笑をしたりしている。「ほら、あんたたちの飛行機が出るよ」とか言われたらしく慌てて私たちを手招きした。

　一時間のフライトで到着したマンダレーの空港でも、イミグレーション（なぜか、ミャンマーでは国内移動にイミグレーションのチェックがある）の係官たちと親しげに握手をして談笑。そして、あげくは空港内の灰皿を思いっきりひっくり返した。

　よくホテルや駅にある類《たぐい》の、下がゴミ箱になっている円柱形の灰皿だが、周囲を鋭くうかがっていた彼が思いきりぶつかると、鉄の円柱はドッシャーンと派手な音を立てて倒れ、しかもゴミ箱部分から真っ赤な液体がざーっと流れ出た。

「うわっ！」ジョーと私は同時に叫んだ。

　人々が見守る中、真っ赤な血が空港のフロアに広がっていくさまは、あたかも映画の一場面のようで、これから何かたいへんな展開になりそうだが、実はこれは血ではなく、キンマだった。

　ビンロウの実を石灰やスパイスと一緒に葉っぱでくるんで噛《か》む嗜好品《しこうひん》で、インド人や台湾人が好むことで知られる。ミャンマー人、特にビルマ人は好きなようで、よくこれをくちゃくちゃやっては真っ赤な唾《つば》を地面に吐く。飛行機移動でもこれを嚙み、しかしさすがにフロアに吐くわけにいかないので、ゴミ箱に吐いているらしい。それをジョーが思い切り、ぶちまけたのだ。

係官が飛んできて、「おまえ、何やってんだよ」というような口調で何か言い、ジョーはへらへらと世辞笑いを浮かべて「すまん、すまん」というふうに頭を下げている。それでも何の咎《とが》めもなく、イミグレの係官に後始末を押し付けることができるのだから、彼がどこでも顔がきくのは事実なのだが、しかし、ジョーは少しおっちょこちょいなのではないか。辺りをいつもうかがっていると思ったが、見方を変えれば落ち着きに欠けるともいえる。だいたい、いくら左右を鋭く見ても前を見ていなければしかたがない。

しかし、ジョーはただおっちょこちょいなだけではなかった。

マンダレー空港では、前述したワンボックスカーと運転手、セキュリティ、そして謎の男が待ち受けていた。誰も彼も口数が少なく、無表情である。

そして、この六人態勢で移動を始めたのだが、中年の運転手がてきぱきと指示を出し、それに従ってジョーが水を買いだしに行ったり、給油所でオイル交換の手伝いをしたりしている。「それじゃない、別のだ」などと叱《しか》られたりもしている。そのつど、あちこちに疾走しているが、疾走というより、「パシリ」と呼んだほうが日本の青少年にはわかりやすいだろう。

彼が気をつかうのは運転手だけではない。セキュリティにも、「運転手の友だち」にも腰が低い。彼らは私たちから離れずにいるが、ジョーはやたらに走り回っている。

つまり、ジョーはおっちょこちょいなだけでなく、多少軽んじられてもいる。「ジョー」というかっこいい名前も、実は「マウン・マウン・ジョー」というビルマ名が長いので、前を省略しているだけにすぎないということも判明した。

声は妙に甲高《かんだか》いし、身なりがきちんとしているのにドジをして怒られ、ヘラヘラと笑うところは欧米のコメディアンのようで、時間が経つにつれ、私が第一印象で抱《いだ》いた柳生十兵衛のイメージからものすごい勢いで遠ざかっている。どちらかといえば、イギリスのコメディアン、ミスター・ビーンに近い。

だが、ジョーも柳生の端くれ、只者《ただもの》ではない。彼のおかげで、われわれの極秘作戦が頓《とん》挫《ざ》してしまったのだ。

私はマンダレーを出る前、船戸さんにこう耳打ちされた。

「おまえ、ビルマ語が話せることを隠しておけ。それで、連中がどんな会話をしているのか聞いておけ」

向こうはまさかこちらがビルマ語を話せるとは思っていまい。仲間のうちでも、外部の者に対してもわれわれのことなど気にせず、いつもの調子でしゃべるだろう。外国人に知られたくないようなことも平気で口にするかもしれない。だから、その裏をかこう——というのだ。

実のところ、私のビルマ語力は片言に毛が生えたくらいで、ネイティヴのフリートークを自在に盗聴するには程遠い。しかも、私は旅先でネイティヴと現地語で談笑をするのが生き甲斐《がい》といってもいいくらい好きである。ビルマ語だってそのために特訓してきたのだ。それを封じられるのは辛《つら》い。しかし、フセイン、いや船戸さんにそう命じられたら嫌ともいえないし、柳生一族のお株を奪う諜報《ちょうほう》作戦にも面白味がなくもない。

もっぱらジョーとの会話は船戸さんに任せ、私は脇で聞いていた。

マンダレーから一時間ほどして、車は急斜面を蛇行しながら登りはじめた。三十分ほどで坂は終わり、道路は平坦《へいたん》になった。シャン高原である。まるで高山から見下ろしたようにマンダレー周辺の土地が後方の下界に広がっている。

「ここは標高はどのくらいあるんだ？」と船戸さんが英語で訊《き》く。

「イエス」とジョーはいつものように短く答える。

「ちがう。標高を訊いているんだ」と船戸さんが語気を強める。

「ここはシャン州です。ほんとうです」とジョーは信じてくださいとばかりに真剣な顔で言う。

私はいらいらして思わず、ビルマ語でジョーに叫んだ。

「だから、ここはどのくらい高いのかって訊いてるんだ！」

ジョーは「あー」とつぶやき、私に向かってビルマ語で「たぶん、三千フィートくらいだと思うよ」と言った。そして、「ピン・ウー・ルインまではザガイン管区だけど、その先からシャン州に入るんだ」と水を得た魚のようにべらべらとしゃべりだした。

ひとしきりしゃべって、やっと彼は私の顔をまじまじと見た。

「きみはビルマ語が話せるのか？」

「ちょっとだけね」

「ぼくも英語はちょっとだけなんだよ。同じだね、ハハハ」ジョーはニコニコと笑った。

こちらがビルマ語ができないふりをしていたら、向こうはさらにその裏をかき、英語ができないふり、じゃなくて、英語がよくわからなかったのだ。これまで彼の英語は短く、ぶっきらぼうな印象があったが、それ以上話せないだけだった。

そのあと、ジョーは船戸さんに何か訊かれると、私に「彼は何言ってるの？」とビルマ語で訊《たず》ねるようになった。そして、私がビルマ語に直すと、彼がビルマ語で返事して私がそれを船戸さんに日本語で伝える。

どういうわけか、気づけば、私が通訳になっていた。

柳生おそるべし！　何の術も用いないで、私たちの極秘作戦を崩壊させただけでなく、いつの間にか、客である私に通訳の仕事まで肩代わりさせているじゃないか。斬《き》りかかって来た相手の刀を素手で奪う柳生新陰流の奥義「無刀取り」を思い起こさせる。

もっとも、作戦を破られた船戸さんは不機嫌になっている。

「どうして、旅行会社の通訳が英語わかんないんだよ」

言われてみればまったくその通りで、ジョーはほんとうに使えない男であった。柳生の幹部である兄がダメな末弟を系列に押し込んだという感じか。一言でいえばミソっ子である。

私たちはこれからこのミスター・ビーンのようなミソっ子と二週間も旅をしなければならず、私は腹立ちまかせに彼のことを「柳生三十兵衛《みそべえ》」と名づけたのだった。

謎の男は「裏柳生」

マンダレーからシャン州北部の町ラショーへ向かっていた。

なぜ、ラショーへ向かっているのか、説明するのは難しい。というより、今回の取材旅行自体がひじょうに説明しづらいものがある。

船戸与一は直感の人だ。前もって、ミャンマーを徹底的に研究して小説の狙《ねら》いを定めたりしないらしい。日本で読んできたミャンマー関係の本はたった五冊。うち二冊は私の本だというから心もとない。

だが当人は泰然自若としている。

「行きゃなんとかなるんだよ」と、もはや口癖とも思えるフレーズで答えるのみだ。もっとも彼は彼なりに考えがなくもないようで、「中国やインドの国境に近い少数民族地帯がおもしろそうだ」とは思っているらしい。

で、その辺りを——といっても東日本がまるまる入るくらい広いのだが——許可が下りて行ける範囲をやみくもに踏破し、現場を見る。そして、「ここだ！」とピンと来た場所を中心に綿密な取材をして、あとは首都ヤンゴンや日本で資料を漁《あさ》る。そういう算段ではないか。そう、ぼんやりと想像した。もっとも、船戸さんはカメラはおろか、メモ帳やノートさえ持っていない。いったいどうやって取材をするのか、謎である。

柳生一族と船戸与一という二つの巨大な謎にはさまれて五里霧中のような旅であるが、とりあえずラショーまでの道中は、予想したよりはるかにスムーズだった。

一つには、道がいい。ラショーは田舎町《いなかまち》であるが、そこへ至る道路はきれいに舗装された二車線道路でヤンゴン近辺よりずっと状態がいい。これは、私たちがヤンゴンで泊った

Tホテルのオーナーで、かつて「麻薬王」と呼ばれたロー・シンハン一族が全面的に請け負って作ったからしい。そこには軍、柳生を含め、莫大《ばくだい》な利権が絡んでいると思われるが、国営企業の仕事よりはるかにちゃんとしているので利用者からは高く評価されていると後で聞いた。日本の道路行政議論を思い出させる話である。

もう一つは、柳生一族と一緒にいることだ。

ミャンマーではふつうに車を走らせていると、「料金所」がやたら多い。軍の兵士や民間人が道端に突っ立っていて、橋の建設費やら道路の修理費やら「兵隊さんよありがとう」みたいな金やら、なんだかわからない小銭を徴収しているのだ。たいした額ではないが、その都度停車しなければならない。

ミャンマーは旧英領にもかかわらずなぜか右側通行である。そして、走っている車はほとんどが右ハンドルの日本車だ。さぞかし不便だろうと思っていたが、運転手が手を出して路肩の人間に小銭を手渡すのに右ハンドルはたいへん便利である。左ハンドルなら停車だけでなく、いちいち下車して手渡しに行かなければならない。もしかすると、そのためにミャンマーでは日本車が人気なのかと思えるくらいだ。

だが、柳生旅行社の車はそういうものを一切無視して突っ走ることができる。

私たちが今走っているシャン州は入り口に大きな関所（検問所）があった。シャン州はタイに国境を接したミャンマー最大の外様藩《とざまはん》であり、東北の雄という意味では仙台伊達藩に擬することができるが、反幕府武装勢力の数が最も多くかつパワフルで知られるだけに幕府のチェックが厳しいのだ。

通常の車両は、一般車もバスも、乗っている人間は全部降ろされ、列を作って身分証を提示し、トランクを開けて荷物を丸ごと調べ……とたいへん厄介で、三十分から一時間も待たされるというが、私たちが行ったら、向こうは黙ってゲートのバーを上げた。別に何も印などないのだが、車を見るだけでわかるらしい。

街道沿いの各町の出入り口にも必ず検問所があるが、そこも同じように顔パスである。ときには止まることもあるが、それは運転手やセキュリティが旧知の係官と談笑をするためである。

そんなわけで、エアコンをきかせた車内の窓越しに、山がちながら、ところどころ今年最初の田植えがすでに行われ、若い緑に映える棚田や、竹やバナナの木に囲まれた風雅な高床の民家を眺めつつシャン高原を走る。まるでリゾートツアーのようである。

私はタイのチェンマイに住んでいたときからシャン人の知り合いがたくさんおり、特にこの街道沿いの出身者と親しかった。本来ならたいへん感慨深くこの景色を愛《め》で、若き日のことなどをあれこれ思い出してフッと吐息を漏らしたりする予定だったのだが、全然そんな気分にならない。

一にも二にも、柳生と一緒にいるせいである。車の中でも、茶屋で一服しているときでも、緊張感ほどではないが「気詰まり感」が充満している。

別に愛想が悪いとか態度がよくないわけではない。それどころか、みんなものすごく親切である。

例えば、茶屋では運転手がなにやらビーフンのような麺《めん》を食べているので、「それ、何ですか？」と私が訊くと、「あ、あんたも食べなさい。私はもういいから、ほら」と皿をこちらに押しやったりする。私はすでにミャンマーの代表的な魚ダシ麺モヒンガーを食べ終えていたから、「いや、いいですよ」と遠慮したのだが、彼は手を振ってハハハと笑っている。しょうがないから私も彼の食べかけの麺をすすり、笑みを交わし合った。

一見とても和やかにやっているようだが、互いの笑顔はぎこちなく、なんだかガールフレンドの実家に行って、初めて向こうの両親と食事をしたときみたいだ。

この手のぎこちなく且《か》つ強引な親切はどこでも発揮される。

写真を撮りたいといえば、すぐ車を止めてくれる。セキュリティが素早く先に降り、私たちのためにドアを開けてくれる。そこまではいいが、少し離れたところにある花だか木の実だかの写真を撮ろうとすると、ずっと後ろをぴったりついてくる。そして、写真撮影を後ろから黙って見ている。

彼は何の他意もないようだが、こちらは「何つまんないもの撮ってるんだ。早くしてくれよ」と言われてるような気がしてプレッシャーだ。

茶屋や飯屋で「便所はどこ？」と店の人に訊くと、返事がかえってくる前に三十兵衛があわてて立ち上がり、便所へ案内したあげく、扉の前でずっと待っている。これだけでもすでにかなり嫌なのに、用を終えて扉を開けると、三十兵衛がいつも「うん、よかったな」みたいな無意味にあたたかい微笑《ほほえ》みを浮かべるのはほんとうに勘弁してほしい。出るべきものが出たときの爽快感《そうかいかん》も半減だ。

そして、これらの気詰まり感やぎこちない親切の中心にいるのが、謎の男である。

当初、「運転手の友だち」と紹介されたが、彼は車の奥にどっかと座り、運転を替わるわけでもなく、何か仕事を手伝うわけでもない。くたびれたシャツとズボン、ろくに手入れもしていない髪、たるんだ腹と頬《ほお》の肉、つっかけたゾウリを見れば、そこらのただのおっさんである。

辺境の旅ではチャーターした車や船に運転手や船頭の知り合いが勝手に便乗することが多々あるので、もしかしたらほんとうに友だちかも、と私は深読みしたが、これは柳生の旅行社だ。そんな勝手なことをするはずがない。

だいたい、彼は「友だち」であるはずの運転手とろくに口をきかない。いや、それどころか他のメンバーともほとんどしゃべらない。たまに、低い声でぼそぼそっと言葉を発するだけである。われわれのぎこちない談笑にも加わらず、無表情を崩さない。一度、英語で話しかけてみたが、首を振って三十兵衛に通訳を促した。以来、私たちとはまったく会話をしていない。

「あいつがほんとうのMIだな」と船戸さんは私に囁《ささや》いた。MIとは軍情報部のことだが、ここでは専門の秘密諜報部員を指している。つまり、「裏柳生」ということだ。

「あいつが実はこの中でいちばん英語ができるはずだ」船戸さんはこうも言った。

「そうですね」と私はうなずいた。

男が気のない素振りをしていながら、私たちの会話に鋭く耳を傾けているのは私にも感じ取れた。他の三人がややもすれば上滑りしているだけに、彼の静かな集中力はかえって目につくのだった。私たちの作戦は三十兵衛の無能という究極の秘技により破られたが、あちらも同じことをやっていたわけである。

船戸さんはかつてベトナムで同じような状況に遭遇したことがあるという。途中から「友だち」と称してチャーターした車に乗ってきた男がどうも公安だったらしい。しかも、船戸さんと連れの日本人の会話に聞き耳を立てている。不審に思って、町の人ごみの中で数メートル距離をとり、「ちょっと、あんた」といきなり後ろから日本語で声を発したら、その男がハッとして振り返った。「それでそいつが日本語がしゃべれるとわかったんだ」と船戸さんは言う。船戸さんが大声で何か言えば誰でも振り向くような気もしたが、この問題はここでは深入りしない。

こちらの裏柳生は、私たち二人の会話には何の興味も示していないようなので、おそらく日本語はできないだろう。万一できたとしても、私たちの会話は、「西木正明《にしきまさあき》（作家。早大探検部ＯＢ）とその同期の先輩はひどい連中だ。食糧と酒を残してあるっていうからオレたちが彼らのあとを継いで第二次アラスカ遠征隊を組んで出かけたら、現地に食糧なんか一つもなくて、ただ村人に借金だけ残してあった。それを全部払うはめになったんだ」とかいう、埒《らち》もない探検部話が中心で、聞かれて困るようなことは何一つないし、日本語がわかっても理解に苦しむだけである。

英語の会話については、おそらく、私たちが何に関心を持っているのか上役に報告するのだろう。また、三十兵衛たちの言動も見張っている可能性がある。

ラショーに到着する直前、実際にその推測を裏付けるような出来事が起きた。

近くに「温泉がある」というのでちょっと寄ってみた。シャン州は山がちなせいか、温泉の出るところがいくつかある。温泉といっても、日本のようにみんなで一緒に入るわけではなくて、個室に据え付けられた湯船に浸《つ》かるだけという味も素っ気もないものだ。ただ、ここの温泉は簡単な展望台や子ども用のプール、飲食の屋台などがあり、ちょっとした遊園地的な趣を呈していた。

セキュリティだけは船戸さんについていたが、運転手と三十兵衛は妙にはしゃいで、どんどん先に行ってしまった。私は船戸さんとはちがう方向にぶらぶらと歩いていた。何も面白いものがないのでまた船戸さんのところに戻ると、三十兵衛と運転手がこちらへ走ってくるところだった。

船戸さんが目撃したところによれば、裏柳生の男が三十兵衛たちを呼び戻し、ものすごい剣幕で叱りつけていたという。「あの二人から絶対に離れるな」ということらしい。そのせいだろう、ラショーに到着後、町を一回りしたときには、柳生連中は前にも増して熱心に私たちの世話を焼いた。そして、私たちの関心の方向をうかがった。

よくよく考えれば、彼らが「小説の取材」ということをどこまで理解しているか、大いに疑問である。というか、私ですらさっぱり理解していないのだ。彼らにわかるわけがない。何をどうチェックしたらいいかわからないので、「一時たりとも目を離さない」という方法しか取りようがないのだろう。

ラショーは目的地に着いたという満足感より、「こんなとこまで来てしまった」というどん詰まり感が漂う、ごみごみとした、顔色の冴《さ》えない場末の町だった。

ミャンマーではどこへ行ってもそうなのだが、この町も現地の名所はパゴダ、つまり仏教寺院である。夕陽を受けたそのパゴダは小高い丘のうえにあり、町を静かに見守る風情《ふぜい》がなかなかよかったのだが、それよりも柳生がうるさい。

私と船戸さんが五メートル以上離れると、必ずセキュリティが船戸さんに、三十兵衛が私にと、まるでサッカーのようにマン・ツー・マンのディフェンスを敷く。狭い寺の境内で何をどうディフェンスするのかわからないが、とにかくディフェンスする。

三十兵衛は自分のデジカメを持っていて、私と同様に寺から見える町の風景写真を撮っているが、よくよく観察すると、私が撮ったものや撮ったとおぼしき方角にいちいちカメラを向けている。これもあとで「彼らはこんなものを撮影してました」と上役に報告するためと思われる。裏柳生の男が命じているのかもしれない。

寺の内側に入ると、べたっとした金色の仏像があった。私たちはただ漠然と眺めているだけだが、仏教徒である柳生たちはちゃんと正座してお祈りをする。私たちをディフェンスしている三十兵衛もお祈りはしたいらしく、そのときには運転手がさり気なく交替してディフェンスする。

私たちの目の前で、三十兵衛は、裏柳生の男と一緒に並んで仏陀《ぶっだ》の前に座し、両手を合わせて床にひれ伏した。

それはたいへん不思議な光景であった。先ほどまで私にぴったりと密着して監視だか護衛だかをしていた男がすべてを忘れて祈りを捧《ささ》げている。完璧《かんぺき》なポーカーフェイスを貫き、裏柳生としての任務に集中していた男がまったく無防備に「素顔」をさらしている。

私はその写真をカメラに収めた。こういう姿こそ私が最も関心を抱くものなのだ。もちろん彼らにはその証拠写真を撮ることはできないのだが。

柳生一族、懐柔作戦

日が暮れた。もうラショーの町は一通り見学したので、夕飯にすることにした。

私としては、この柳生の連中といてもあまり楽しくないし、今朝《けさ》は四時起きだったから

さっさと寝たいという心境だったが、夕食会は意外にもけっこうな盛り上がりをみせた。

その前触れは、食堂に入る前に起きた。

ホテルから市場へ向かう道をだらだら歩いていると、薄暗がりの路上に屋台がぽつぽつと並んでいる。その中に芸能人のカレンダーやポスター、ブロマイドを売っている小さい屋台があった。覗《のぞ》き込むと、ミャンマーのスターと思われる若い男女がほとんどだったが、真ん中のいちばん目立つところに置かれた数枚のポスターを見て、私は唖然《あぜん》とした。長めの茶髪、キザな細いフレームのメガネ、首に分厚く巻きつけたマフラーという独特のファッションの男が笑顔を浮かべている。

なんと、「ヨン様」ことペ・ヨンジュンではないか！

私はテレビも雑誌も滅多に見ないのでひどい芸能界音痴だが、さすがに『冬のソナタ』

は知っていた。ぺ・ヨンジュン、こんなミャンマーの僻地《へきち》にまで進出しているのか。

驚いた私は、後ろについていた柳生三十兵衛に、「これ、ミャンマーで人気があるの？」と訊いた。すると、三十兵衛は苦笑いしながら言った。

「好きなのは女だけだよ。男は誰も好きじゃない」

私は、「微笑みの貴公子」とか「冬ソナ・ツアー大盛況」とか聞くたびにバカじゃないかと思っていただけに、「そうか。日本もそうだよ。こんな奴《やつ》を好きなのは女だけだ」とすかさず同調した。

すると、三十兵衛は急に嬉《うれ》しそうな顔をした。

「あー、日本もミャンマーと同じなんだ」

「同じだよ。女は顔がちょっとよければ、なんでもいいと思うんだ」

「そうそう、女はバカだからな」

いきなり、私たちは意気投合してしまった。

三十兵衛は意外にいい奴なのかもしれない。きっと、向こうもそう思っているだろう。共通の敵ほど立場の異なる二人を結びつけるものはない。それに嫉妬《しっと》がからまれば、言うことはない。

夕食はシャン料理だった。シャン人はタイ王国のタイ人とほぼ同族で自称は同じく「タイ」、言葉も似ているが、料理はまったく異なる。中華の影響をより濃く受けつつ、発酵食品の微妙な風味を生かしており、日本人をホッとさせるメニューが多い。高菜漬けそっくりの漬物と鶏肉の炒《いた》め物、箸《はし》をつけるとほろほろとこぼれそうなくらいじっくり煮込んだ豚の角煮、ほどよい酸味の利いたスープなどが大きな円卓に並ぶ。

初めこそ例によって雰囲気は「彼女の実家で両親と食事」状態だったのだが、ただでさえ早朝出発と初対面の緊張で疲れていたうえ、私も柳生の連中も、気をつかってビールやミャンマー産ウィスキーを勧めあっていたから、あっという間に酔いが回ってきた。

船戸さんは誰にもまったく気をつかっていないが、どんな場でもビールは飲まずにいきなりウィスキーの水割りから入るという独自のスタイルで飲みまくっているため、やっぱり酔いは早い。裏柳生の男一人だけはさすがに自制し、私たちの会話に耳を傾けている。

一時間くらいたったころだろうか。船戸さんが突然改まったような調子で言い出した。

「ところで、あんたたちに一つ、訊きたいことがある」

私はギクッとした。また、唐突に政治問題に触れそうな気配がしたからである。柳生たちも顔をあげた。

船戸さんが凄《すご》みのきいた低い声で問う。

「いったいどっちがミャンマーの国民に人気があるんだ？……」

来た！　幕府とスー・チーをこの場でいきなり天秤《てんびん》にかけるというのか。船戸さん、ちょっと早すぎる！

同じことを思ったのだろう。三十兵衛たちの持つグラスがピタッと止まった。英語がまったくわからないはずの裏柳生が顔色を変えてぐいっと船戸さんのほうへ身を乗り出した。

船戸さんは続けた。

「どっちが人気があるんだ……ミャンマービールとマンダレービール？」

私も柳生たちもあまりの肩透かしにハアーッと息をつき、次に爆笑した。裏柳生の男だけ、あわてて乗り出した身をひっこめて何事もなかったかのように体裁をとりつくろっていてマヌケだ。

船戸さんはわざと柳生たちをからかっているのかと思えばそんなこともない。「どっちのビールのほうが人気があるんだ？」としつこく訊いている。もしかしたらこれも取材の一環なのかもしれない。いや、ただ酔っ払っているだけかもしれない。

その証拠に、三十兵衛たちが相談の結果、「昔はマンダレービールでしたが、今はミャンマービールのほうが人気があります」と答えても、目をしばたかせているだけで、聞いているのかどうかよくわからない。

次に、船戸さんは突然話題を変え、今度はアメリカを罵《ののし》りだした。

「勝手にイラクに戦争をしかけて、後始末を日本の軍隊に手伝わそうとしている」とか「いつも自分たちが正しいと思っているバカ野郎だ」と言ったあと、バーン！とテーブルを叩《たた》いて怒鳴った。

「アメリカ、マザーファッカー！」

柳生たちはみんな親指を立てて、「そうだ、そうだ！」と大喜びである。なにしろ、ミャンマー幕府にいちばん圧力をかけているのはアメリカである。幕府はアメリカを忌み嫌っており、柳生一族も例外ではない。

それまで控えめだった年配の運転手が特に喜んで——実は三十兵衛よりはるかに英語が堪能《たんのう》だった——「アメリカ、くそったれ！」と叫び、なんだかわからないが、みんなで酒をついで乾杯した。

ペ・ヨンジュンに続く、「共通の敵」第二弾である。裏柳生の男も珍しくニコニコしている。作戦なら見事だが、私から見ても船戸さんがわざとそう言っているのか、本気なのか、ただ酔っ払っているだけなのか、やはり判別できない。酒精と情念が織り成す船戸ワールドに柳生たちははまっていた。

ダークホース的に飛び出した運転手は船戸さんと反米ののろしをあげ、もう単なる酔っ払い二人組である。

彼らが英語で盛り上がっている間、私は三十兵衛を交えてセキュリティの男と積極的にビルマ語で話を交わした。周囲が外国語で賑《にぎ》やかに楽しんでいるとき、ひとりが取り残されるのは悲しいものだ。下手《へた》をすれば後々まで恨みを残す場合もある——というのは表向きで、実際は「へえ、あんた、ビルマ語話せるの？　すごいねえ！」と感心してもらいたかっただけである。

最近はすっかり世知辛《せちがら》い世の中になった。外国語を操れる日本人が激増したためだ。例えば、いまやタイで片言のタイ語をしゃべっても全然受けない。中国も同様である。ところが、まだミャンマーではそれが通用するどころか、「わあ、すごーい！」と大げさに感心される。最近、仕事でも家庭でもほめられることがない私としては、ほめてくれるのなら「お手」でも「お座り」でもしましょうという真摯《しんし》な姿勢でビルマ語会話に臨んでいるのだ。

はたしてセキュリティは、別にほめてはくれなかったが、嬉しそうに話をしてくれた。

私と同じく、三十代後半とおぼしきセキュリティは、

「ぼくは日本が好きだ。日本の映画も好きだ。特にソニチバが好きだ」と無骨な顔をほころばせながら言った。

「ソニチバ？　何それ？」と訊くと、

「日本の俳優だよ。こういうやつだ」と彼は答え、「やっ」と刀で斬る仕草をした。

わかった。ソニー千葉だ。千葉真一は海外ではこの名前で知られる。忘れていたが、十年前に来たときにも、いろんな人から「ソニチバを知ってるか？」と訊かれたことを思い

出した。

おお、さすが柳生だ！　そうこなくっちゃ。私の中では千葉真一といえば柳生十兵衛である。

「ぼくもソニチバは好きだよ」と三十兵衛が口を出した。

「それからヘンリー・サナダも」

ヘンリー・サナダとは真田広之のことである。

だが、セキュリティの反応は冷たい。

「ヘンリー・サナダ？　あまり好きじゃないな。やっぱりソニチバだ」

真田広之はもはや千葉真一をしのぐ本格派俳優となっているが、彼はそれを知らないようだ。

二人の話を総合すると、千葉真一がミャンマーで人気を博したのは十数年前のことらしい。「三十歳以下の人はソニチバの映画を見たことないけど、子どもでも名前くらいみんな知っている」という。

ちなみに、真田広之は遅れて登場したので、セキュリティより五歳ほど年下の三十兵衛は親しみがあるようだが、セキュリティにとっては「ソニチバに比べたら所詮《しょせん》、若僧」という感じらしい。

それにしても、こちらが一方的に命名したとはいえ、ミャンマーの柳生一族が千葉真一のファンというのは痛快である。番長・清原が『ドカベン』山田太郎のファンだとか、『太陽にほえろ！』を見て刑事になった人が多いとかいう話にも通じるような気がしたが、ただ私がおお酔っ払いしてるだけかもしれない。

「で、ソニチバが出ていたのはなんという映画？」と私は訊いた。だが、セキュリティも三十兵衛も「いくつかあったけど、題名は憶えていない」と首をふる。

いったい彼らが夢中になった千葉真一の映画は何だったのかわからない。でも、私としてはやはり『柳生一族の陰謀』であってほしい気がする。萬屋錦之介《よろずやきんのすけ》が柳生宗矩を、千葉真一が柳生十兵衛を演じた傑作とも怪作ともつかない映画だ。千葉真一最大の当たり役とも言われ、「柳生十兵衛」が世間から広い人気を得た功績は大きい。

この映画はストーリーが込み入っていて難解だ。だいたい、冒頭から錦之介扮《ふん》する宗矩が将軍・家光に向かって「親と出会えば親を殺し、仏と出会えば仏を殺す。そのお覚悟がなければ天下は治められますまい」と、とんでもないことを言う。敬虔《けいけん》な仏教徒であり、なかんずく「自分が善行を行うのは親の徳を積むため」という独特の親孝行哲学をもつミャンマー人がこんなセリフを聞いたら失神してしまうだろう。映画館で暴動が起きて反日運動が勃発《ぼっぱつ》するかもしれない。

常識で考えればこの映画が上映された可能性は薄いが、なにしろ常識では考えられないミャンマーである。まずいセリフは吹き替えでごまかせばいいし、もともと日本人にも理解に苦しむ場面が多い映画だから、「アクション重視」ということで上映されていてもいっこうに不思議はない。いや、きっとそうに決まってる。

私は確証を得ようとしつこく問いただした。

「ソニー千葉はこうなってなかった？」と私は片目を手で押さえた。もちろん、十兵衛の隻眼を指している。

「うん、うん」と三十兵衛はうなずいたが、そのうなずきはすでに酔っ払いのものである。こいつはもうダメだと思い、誘導尋問をセキュリティに向けた。

「『ヤギュウなんとか』じゃなかった？」と問いただしたが、

「ヤギュウ？　何それ？　聞いたことない」と怪訝《けげん》な顔をされただけだった。

柳生一族に「柳生？　何それ？」と言われるのは妙な気分である。

隣では、船戸さんと運転手が「今でも一晩で三回はできる」「いや、オレは四回だ」とか、「反米」転じて下ネタ街道を驀進《ばくしん》しており、英語が理解できないことになっている裏柳生の男は懸命に笑いをこらえている。

もうわけがわからないが、一つだけ言えるのは、私たちがすっかり柳生一族を懐柔してしまったということだ。それも意図せずにやっているところが、さすが日本最強の辺境作家コンビといえる。

私たちこそ柳生に懐柔されているのではないかという重大な疑問も脳裏をかすめたが、

脳裏は酒精でいっぱいだったのでそんな難しい判断はできないのだった。

かけがえのない「元麻薬王」を大切に

ラショーに着いた翌朝である。

どこかまだ行きたいところはあるかと三十兵衛が気をつかって船戸さんに訊ねた。

すると、船戸さんはだしぬけに言った。

「クンサーの家に行きたい」

「うひゃー!」私は声を出さずにぶったまげた。

「クンサー?」三十兵衛は怪訝な顔をしている。

「あの『麻薬王』のクンサーだよ」と私が補足してやると、

「うひゃー!」と声を出してぶったまげた。大きい目をさらに見開いてニワトリのように手をバタバタと振る。

「ぼくはそんなところ知らない。な?　な?」と仲間たちにも同意を求めると、彼らも強《こわ》張《ば》った笑みを浮かべて首を横に振った。

ミャンマーには昔から「麻薬王」というのがいる。三十年以上にもわたって常に存在しているので、そういう役職があるのかと錯覚しそうになるくらいだ。実際、日本を代表するクォリティペーパー、朝日新聞は「元麻薬王のクンサー氏」と書いたことがあるから、錯覚ではないのかもしれない。

そういえば、朝日新聞は「NBAの元スーパースター、マイケル・ジョーダン氏」と書いたこともあり、「スーパースター」も役職であることが確認されている。世界にはいろいろな役職があるものだ。

ともかく、これまで麻薬王の職に就いた者は三名いる。

まず、初代麻薬王、これはすでにこの旅行記でも名前があがっているロー・シンハンだ。私たちがヤンゴンで泊ったTホテル、マンダレーからラショーまでの新しい道路を建設したのは彼の一族であることは述べた。

ロー・シンハンが麻薬王の職に就任したのは一九七〇年代初めのことだ。アメリカの映像ジャーナリストのチームが彼の職場いや支配区を一年かけて取材し、「オピウム・キング」というドキュメンタリー映画を製作発表した。それが世界に衝撃を与え、オピウム・キングという言葉がマスコミの間で定着した。そう、「麻薬王」とはマスコミが認定する役職なのだ。

直訳すれば「阿片王」なのだが、それじゃ戦前・戦中に中国大陸でアヘン工作を行いと訳された。

「阿片王」の異名をとった里見甫《さとみはじめ》と同じになってしまうと思ったのか、日本では「麻薬王」

ロー・シンハンはここラショーから東へ数十キロ行ったところにある「コーカン地区」出身の漢人である。コーカンは漢字では「果敢」と書き、住民の九割以上が漢人である。

彼らは明朝《みんちょう》最後の皇帝が清《しん》に追われてビルマへ逃げ込んだとき、皇帝に同行した一族郎党の子孫だと称している、なかなか興味深い人たちである。

平家の落人村《おちうどむら》みたいだが、コーカンの場合、平家の子孫とは規模がちがう。人口は十万以上、アヘン生産量も全ミャンマーの二割近く、今でも幕府の直接の統治を「果敢」に拒否しつづけている。

ロー・シンハンはこの四十年というもの、地盤のコーカンを中心に自前の民兵を展開させ、ミャンマー幕府に逆らったり従ったりを繰り返してきた。

七〇年代初めはちょうど幕府に逆らっていたときで、アメリカ人たちを受け入れたのもその現れである。

シャンの、とある外様大名（ゲリラのリーダー）にそそのかされ、彼は「われわれは貧しい。アヘンを作らないと暮らしていけない。もし、アメリカが経済援助をしてくれるなら、私がアヘンを根絶してみせよう」と映画の中で大見得《おおみえ》を切り、当時のニクソン大統領に親書を送ったりもした。

しかし、その結果は無残なものだった。アメリカには無視されたうえ、幕府の逆鱗《げきりん》に触れ、タイ・ミャンマー国境で逮捕されて投獄の憂き目をみた。ロー・シンハンの「麻薬王」在任期間は三〜四年だったのではないか。

ロー・シンハンは三年後、出獄し、以後は「元麻薬王」として、幕府と手を結び、なるべく役職にはつかないように裏表両面のビジネスにたずさわって現在に至っている。

ロー・シンハンの長年の宿敵にして、二代目「麻薬王」に就任したのが、さきほどのクンサーである。中国人とシャン人のハーフで、張奇虎《チャンチーフー》という、香港アクションスター顔負けの芸名、いや中国名でも知られる。

クンサーもたまたまこのラショーのすぐ近くの町ロイモーの出身だ。ここ四十年間、幕府に逆らったり従ったりという点でも、自前の民兵を広く展開させたという点でも、ロー・シンハンとやってることはほぼ同じである。

クンサーは若くしてアヘン業界で名を馳《は》せていたが、ロー・シンハンの失脚により、一気にアメリカ国務省やマスコミから注目を集め、二代目麻薬王に就任した。

クンサーの在任期間は七〇年代後半から九〇年代半ばまでおよそ二十年にわたり、それだけにさまざまな業績を残した。

なかでもアヘンを精製し、純度九十九パーセントのヘロイン、いわゆる「ナンバー4」を開発したのが有名だ。裏ノーベル化学賞なるものがあれば、絶対に受賞している。

私はヘロインをやったことがないのでよくわからないが、それまでのヘロインとは品質が比べ物にならず、世界のヘロイン市場が一変したという。

彼は流通システムも改善して儲《もう》けまくったというから、裏ノーベル経済学賞なるものがあれば、同時受賞しているはずだ。

近年、北朝鮮の商売熱心な外交官や船乗りがオーストラリアやヨーロッパへのヘロイン密輸でよく捕まるが、あれもクンサーのブランド品か、その類似品であることが確認されている。

ビジネスで成功した人間が政界へ打って出るというのはどこの世界にもある話で、クンサーもそういう野望を抱いた。だが、さすがにミャンマーの幕閣に割ってはいることはできない。そこで自分の民兵を「反政府シャン民族独立ゲリラ」に仕立て上げ、タイ国境付近に支配区を確立した。

名称は「タイ国軍」。シャン州はビルマ人がそう呼んでいるだけで、シャン人は「タイ国」と呼んでいる。だいたい、シャン人じゃなくて「タイ人」である。

「われわれはミャンマーじゃない。タイだ！」そう叫んだクンサーは、ミャンマー幕府に不満を持つシャン人から熱狂的に受け入れられた。

クンサーはヘロインビジネスで得た巨額の富で最新兵器をどっさり買い込み、他の純粋なシャン独立主義者をも配下におさめた。なにしろ、彼と一緒にいればほんとうに武力で独立を勝ち取れるかもしれない。他の純粋な商売人や、純粋な幕府の役人も彼になびいた。なにしろ、一緒にいれば、金になる。

私もクンサーが作った「タイ国」の首都ホー・ムンという町に行ったことがある。それはゲリラの拠点ではなく、ほんとうに「町」だった。市場、学校はもちろん、水力発電所、ダム、そしてカラオケ、ゴルフ場まであった。

拠点にゴルフ場のある反政府ゲリラというのも、空前にして絶後だろう。

だいたい、カラオケやゴルフなんてやってる場合か？

そう思うかもしれないが、やってる場合だった。ヒマなのだ。ヒマでヒマで死にそうなのだ。だって、政府軍と全然戦争をしないんだから。

「今、戦うとまずい。もう少しこちらが力をつけたら、一気に勝負に出る」とクンサーは血気にはやる同志をいさめた。いさめて、いさめまくった。

そして一九九六年、ついにクンサーは動いた！

幕府に降伏してしまったのだった——。

要するに、最初から幕府の幹部とは話がついていたということだろう。

「シャン州独立とかうるさい外様連中はおまえに任せる。商売も勝手にやんな。ただし、上納金だけは忘れるな」と幕府の将軍たちは言っていたにちがいない。

水戸黄門風に言えば、

「おぬしもワルよのう、クンサー」

「いえいえ、将軍さまこそ」

「はっはっは……」

ということである。

私はその「降伏式」をビデオや写真で見たが、幕府に引き渡されるべく並べられた武器のすごいことと言ったらなかった。自動小銃、機関銃はもちろん、バズーカ砲、迫撃砲、ロケットランチャー、地対空ミサイルまで、ありとあらゆる兵器がサッカー場ほどの空間を埋め尽くしていた。ないのは戦車と戦闘機くらいなものだ。

「おれたちよりずっとすごい武器を持ってるじゃないか！　戦ったらこっちに勝ち目はないぞ。いったい奴らはどうして降伏するんだろう？」

これは事情を知らない幕府軍の兵士たちが漏らした有名なコメントである。

いや、ほんとうに、どうして彼らはそんなにすごい兵器を持っていたのか？　兵士のみならず、クンサーと結託していた将軍たちも不思議でならなかったろう。

なにしろ、初めから戦争をするつもりがないのだ。武器なんかいらないじゃないか。金もかかる。地対空ミサイルなんていくらするんだ？　あんなでかいもの、極秘で輸送するのに（それが可能なのもすごいが）いくら払っているのだ？

私もしばらく悩んだが、今ではこのような結論に達している。

きっと、クンサーは、軍事オタクだったのだ。武器マニアだったのだ……。

他に説明があるだろうか。

だが、クンサーは「麻薬王」と武器マニアを同時に引退した。いくら金を稼いでも、兵器を集めても、山奥である。クンサーは当時すでに六十歳半ば。そろそろ、町に下りて、快適な日々を過ごしたいと思ったようである。

そんな周囲の推測を裏付けるように、帰順した後、クンサーはヤンゴンの一等地に瀟《しょう》洒《しゃ》な屋敷を与えられ、悠々自適の余生を送っている。

といっても、ビジネスはちゃんとやっている。

タイのチェンマイ郊外にあり、日本人の観光客が大挙して押し寄せる宝石店はクンサーの経営だといわれているし、ミャンマーでもバス会社や運送会社を設立している。

いまや巨大な軍隊を維持する必要がなくなったからおおっぴらな活動はしていないが、自分とその一族が豪勢に暮らせるだけのヘロインを地道に商っていると私は察している。

もちろんクンサーは、幕府に隠然たる影響力を保持したままである。その辺も初代麻薬王のロー・シンハンとよく似ている。

ロー・シンハンにしても、クンサーにしても、国内を自由に動けるので、あちこちに家がある。ことにラショーはクンサーの出身地にいちばん近い町なので、ちゃんとした屋敷をもっている。ちなみに、ここにはロー・シンハンの家もあり、クンサー宅の近所だと聞いている。

しかし、クンサーにしてもロー・シンハンにしても、ミャンマーでは超がつく重要人物だ。それをこともあろうに、「クンサーの家に行きたい」と友だちの家にぶらっと立ち寄るかのような調子で船戸さんが言うもんだから、私も柳生三十兵衛も「うひゃー！」と叫んでしまうのである。

柳生一族としては、絶対に会わせるわけにいかない（もっとも、ふだんヤンゴンにいるクンサーにとってここは別荘みたいなものであり、在宅する可能性自体薄いが）。

「知らない、知らない！」と三十兵衛はぶるぶる首を振り、ここで事態は緊迫するかと思いきや、船戸さんはあっさり言った。

「あ、そうか。じゃ、いいや。次行こう、次」

「え？」

すたすたと車のほうへ歩き出した。元麻薬王なんて役職には全然こだわりがないようだ。

「ま、いたらちょっと話でも聞こうか」というくらいの実にぞんざいな態度である。

「船戸さん、そりゃないいんじゃないんですか」私は叫びたくなった。「元麻薬王」なんて役職は世界中さがしてもここにしか存在しないのだ。そんなぞんざいに扱われては困る。

「かけがえのない元麻薬王を大切にしよう！」そう訴えたくもなるではないか。

もっとも私にはもっとこだわっているものがあった。

それは三代目にして現職の「麻薬王」とその支配区である。

スーパー外様「ワ藩」別件

今回の旅行はあくまで船戸与一の取材が目的であり、私はオマケにすぎない。だから私個人の特別なものは何も持ってきてはいない。取材道具はデジカメと一眼レフのカメラがそれぞれ一台ずつあるだけで、ビデオカメラさえ用意してない。

しかし、実は「こればかりは柳生連中に見せられない」というものがあった。

四十枚のプリント写真だ。

そこには懐かしい面々が写っている。ほとんどは親しくしていた、あるいは世話になっていた村人であり、柳生に見せても「少数民族のようだが、どこの人間だろう?」と首を傾《かし》げるだけだろうが、一枚だけ決定的に問題がある。冴えない中年男が仏頂面で写っているものだ。

ヤンゴンのミスター・ビーンこと三十兵衛はいざ知らず、裏柳生の男やセキュリティならまず間違いなく知っている。そして、「どうしてこんな写真があるんだ!?」と驚くはずである。

その冴えない中年男こそが、三代目にして現職の麻薬王であり、国際的にはパオ・ユーチャン（鮑有祥）の名で知られる――。

以前私が自著の中でそう書いたところ、『お言葉ですが…』シリーズで知られる高島俊男先生より「『祥』の北京語《ペキンご》読みはチャンではなくシャンであろう」というご指摘を受けた。さすが高島先生ならではの細かく鋭い突っ込みである。

私も高島先生の指摘を受けるまで気がつかなかった。なにしろ、現地ではパオ・ユーチャンのことを中国名のフルネームで呼ぶことは皆無である。そんな失礼なことは誰もしないのだ。

現地の軍関係者は「総司令《ゾンスリン》」と中国語で呼ぶ。いっぽう、一般の村人は現地の言葉で「タ・パン」と呼ぶ。すべて敬称である。どこで、中国語名の発音と表記に食い違いが出たのかわからない。

ともあれ、軍とか現地の村人とか、いったいどこの話と思うだろう。

「ワ州」の話である。

それはラショーから数十キロ離れた中国との国境付近にある。ミャンマーの東北シャン州のそのまた北だ。

これまでミャンマーを江戸時代の日本にたとえて頑張ってきたが、ワ州を目の前にして、その努力ももはやこれまで、という絶望的な気持ちになる。

たとえようにも、日本にはこんな地域はいつの時代にも存在しなかった。いや、世界のどの国にも。

あえてたとえれば——とまだ頑張るが——シャン州が東北だからその向こうの北海道つまり蝦夷地《えぞち》である。

江戸時代初期がそうであったように、ここではまだ、中央の言葉も文字も通じない異民族が土地を支配し、しかも蝦夷がついぞなしえなかった独立した「国」を形成している。もっとも、日本では中央からどんどんのし上がってきたのが「和」であったが、こちらは逆で、異民族のほうが「ワ」である。

驚くべきことに、「ワ」という民族は大昔から現在に至るまで、いかなる国家の支配下にも入ったことがない。昔はビルマ王朝と歴代中国王朝との狭間《はざま》にあり、どちらも最辺境のワ州まで手を伸ばす余裕がなかった。ミャンマーがイギリス植民地であった頃も同様である。

第二次大戦中、日本軍はラショーまでやってきながら、やはりワ州には入らなかった。「とてもそんな余裕はなかったよ」と、当時ビルマ戦線に参加した、私の知り合いの旧日本軍情報将校は語る。中国軍も同じ理由で入ってなかったという。

どうして、誰もが避けたのかというと、ワの人々がいわゆる「首狩り族」として名高かったからだ。何もない密林だらけの山の中に入って蛮族《ばんぞく》を手なずけている余裕はいつの時代にもなかったということである。

戦後もワ州いやワ藩（まだ藩の体をなしてなかったが、いちおうワの地域をそう呼ぶことにする）は一度もミャンマー幕府の管轄に入ったことがない。

まず国共内戦に敗れた中国国民党軍の残党がワ藩に逃げ込み、山賊のように居座った。国民党の残党がタイに出ていったと思ったら、今度はビルマ共産党が拠点を構えてしまった。ちょうど中国の文化大革命のころで、中国政府はワ藩に大量の武器と紅衛兵を送り込んだ。

つまり、江戸時代にたとえれば、蝦夷地に清朝のバックアップを受けた、強大な外様大名が存在したということになる。

実際のところ、ミャンマー幕府成立後、幕府が最も恐れた外様はカレン（たとえて薩摩島津藩）でも、シャン（同じく仙台伊達藩）でも、カチン（同じく加賀前田藩）でもなかった。彼らは幕府に刃向かってはいたが、ヤンゴンを脅かすほどではなかったのは前述のとおり。しかし、蝦夷ワ藩はなにしろ大国清朝が後ろについている。幕府最大の脅威だったのだ。

ところが、一九八九年、突然ビルマ共産党内にワ人や中国系によるクーデターが発生、ビルマ人の共産党幹部は追放された。

ここに名実ともに独立した外様大名の「ワ藩」が誕生した。軍隊の正式名称は「ワ州連合軍」、総司令官はワ人のパオ・ユーチャンである。

このとき、恐ろしく素早い動きを見せたのが、ミャンマー柳生総帥のキン・ニュン宗矩だった。ワ軍が政府に叛旗《はんき》を翻す間もなく、キン・ニュン宗矩は現地に飛び、パオ・ユーチャンと停戦条約を結んでしまった。

キン・ニュン宗矩はどうして彼らをそれほど恐れたのか。

ワ藩がビルマ共産党より受け継いだ武器を持っていたからか？　住民の九割以上を占めるワ人が「元首狩り族」（これも役職か？）であり、勇猛な兵士だと恐れられていたからか？

それもある。でも、それだけではない。

ワ藩は世界最大級のアヘン生産地帯だったからだ。

タイ、ラオス、ミャンマーの麻薬地帯を俗にゴールデン・トライアングル（黄金の三角地帯）と呼ぶが、昔はともかく今は看板に偽りあり、公正取引委員会から撤回命令が出てもおかしくない。

なにしろ、この三カ国のうち、アヘン生産はミャンマーが九割以上を占める。しかも、それはほとんどが中国との国境地帯だ。そして、ミャンマーにおけるアヘンは六割から七割はワ州の生産によるのだ。

　ワ藩が岐阜県程度の面積であることを考えるとすごいことだ。

　初代麻薬王のロー・シンハンにしても、二代目のクンサーにしても、ヘロインの原料となるアヘンは半分以上、ワ藩から仕入れていた。彼らがみんなラショー付近の出身であるのは、だから偶然ではない。ラショーに近いワ藩に隣接した土地の出身だから、麻薬王になれたのだ。

　ワ藩はアヘンやその化合物であるヘロインの貿易で潤っている。その金で強大な武力を誇っている。さらに、隣の中国雲南省の軍や党幹部とたいへんに仲がよい。結局、いまだに清のバックアップを受けているようなものだ。

　ワ藩はとんでもない外様藩になった。いや、もうただの外様ではない。「スーパー外様」とでも呼ぶしかない。

　そのスーパー外様ワ藩を治める藩主がパオ・ユーチャンであり、三代目麻薬王に認定されたのも当然であろう。

　では、なぜ私がパオ・ユーチャンの写真を持っているのか、と話を戻す。

　前に、初代麻薬王のロー・シンハンをそそのかして、アメリカ人に映画を撮らせたシャンの外様大名（ゲリラのリーダー）の話をした。その大名はとうに引退し、タイのチェンマイに暮らしている。表向きは引退しているが、今でもシャンのみならず、あまたのミャンマー国内の倒幕勢力に強い影響力をもっている。

その元大名（これももちろん役職だ）が、私に「ワ藩へ行って、本を書け」とそそのかした。いや私が頼んでそう取り計らってもらったのである。

当時、パオ・ユーチャンはどういう事情でか、キン・ニュン宗矩とうまくいっておらず、ミャンマー幕府に叛旗を翻す寸前であった。そこで、「日本の有名な作家」（志望）という役職をもつ私がワ藩に滞在するのを許可した。

「『極悪非道な麻薬地帯』と誤解されているワ藩の真実の姿をその目で調べ、世界に知らせるべし」とパオ・ユーチャンは私に言った。

その結果、私は一九九六年、ワ藩に七カ月滞在した。

当然、パオ・ユーチャンとも何度も会っている。飯を食ったことも三回あるが、一度は彼のことを誰かお偉いさんの運転手だと間違え、もう一度はその辺の村人と間違えた。特徴の乏しい冴えない中年男だから、間違えやすいのだ。

二回目に村人と間違えたとき、三代目の現職麻薬王はさすがに怒った。

「おれが庶民に見えるっていうのか？」

「いや、ほんとにそう見えますよ」

「…………」

そんな貴重な会話が私たちの間で交わされている。

しかし、私にとってパオ・ユーチャンははっきり言って、どうでもいい。

それより、他の三十九枚の写真に写っている人たちに会いたい。

私はワ藩滞在の大半をある村で過ごした。「元首狩り族」の村人と寝食をともにし、一緒にケシ栽培をした。種まきからアヘンの収穫まで全部だ。

驚いたことに村の人たちは、アメリカも日本も知らなかった。それどころじゃない。「どこか遠くにミャンマーっていう国があるらしいが、おまえ、知ってるか？」と訊かれたときには絶句してしまったものだ。ビルマ人を見たことのある者も村には誰もいなかった。

幕府の軍は一兵たりとてワ藩に足を踏み入れることはできず、一般のミャンマー国民は恐ろしい噂《うわさ》しかないワ藩へ誰も来ようとしないとはいえ、スーパー外様藩の住民の独立ぶりというか孤立ぶりはやはりハンパではない。

それまで謎に包まれていたワ藩に世界で初めて長期滞在した外国人となった私は、その詳しい状況を『ビルマ・アヘン王国潜入記』という本にまとめた。

「場所を明記したほうがいい。でないと、歌舞伎町《かぶきちょう》かNYのダウンタウンと間違われるかもしれない」という版元の意向で「ビルマ」という冠をつけたが、私は最後まで抵抗感があった。なにしろワ藩はビルマ（ミャンマー）の気配すらなかったからだ。

ともかく、これはたいへんなスクープなので、私はこの本で大宅《おおや》壮一ノンフィクション賞を獲得し、「新大宅賞作家」という役職に就く予定だったが、なぜか文藝春秋から連絡がなかった。私の家の電話が一時「お客様の事情により」止められていたせいではないかと疑っている。もしかしたらアヘンを収穫後、自分もアヘンを吸って中毒になってしまい、村人たちを困らせたという箇所が選考委員の趣味に合わなかったのかもしれない。

日本ではこのように評価されなかったが、「ワ藩の現状を世界に報告する」とパオ・ユーチャンに約束したこともあり、人に頼んで翻訳してもらい英語版を刊行した。

だから、私は海外では多少知られている。米『タイム』誌のインタビューを受けたこともあるし、日本、香港、シンガポールの英字紙の書評でも紹介された。

先日、バンコクへ行ったおりには当地の外国人記者クラブに招かれた。タイムばかりかニューズウィーク、CNN、BBCなどの記者連中が私に挨拶《あいさつ》に来た。もはや、有名人といってもいい。「日本の有名な作家」という役職に就任したのである。

ただ、みなさんは「あんたがワでアヘン中毒になったって奴か」「まだアヘンはやってるのか？　え？」と私に笑いかけ、ちょっと気になった。

その笑いは学生時代、コンゴの怪獣探しから戻ってきたとき、みんなから「怪獣見つかったか？」「怪獣に食べられなくてよかったな」と笑いかけられたときによく似ていた。

笑いかけられた、というより、笑われた？　ま、どっちでもいいのだが。

ともあれ、この本があったために、私は今回の合法入国は無理だろうと判断したわけだ。

ミャンマー幕府、特に柳生一族はきっと読んでいるにちがいない。そして、その中で私はミャンマーの恥部を暴いているし、幕府批判も少なからず展開しているからだ。

ところがビザは呆気《あっけ》なく下りてがっかりしたという話はした。私の役職はミャンマーではまだ認定されていないのだ。

パオ・ユーチャン率いるワ藩は私が帰ったあと、キン・ニュン宗矩と仲直りしてしまった。ライバルであった二代目麻薬王のクンサーも表向きは引退し、今ではアヘン＝ヘロインはワ藩の独占状態である。

しかも、パオ・ユーチャンと仲間たちはアンフェタミンつまり覚醒剤《かくせいざい》の製造販売も大々的にはじめた。「もう麻薬はやめます」と国際社会に訴えようとアヘン生産を大幅に減らしているが、それでは軍隊を維持できないので代わりに覚醒剤の生産に専念しはじめたのだ。

三代目麻薬王のパオ・ユーチャンも二代目クンサーに負けず劣らず実績を積んでおり、裏ノーベル賞を狙っているとしか思えない。

もはや彼らに外国の人間を入れるメリットはなく、結局、現在に至るまで、私がワ藩の村に住んだ最初で唯一の外国人であるままだ。私にしても、最も親しくしていた同藩の家老レベルの人が暗殺されてしまったこともあり、パイプが完全に途絶えてしまった。藩主のパオ・ユーチャンも、「村人と勘違い事件」を根にもっている節がある。

最近は、藩の首都には国連の事務所やカジノ、銀行までできてたいへん栄えているらしいが、ワ藩のふつうの村がどうなっているか表ざたになることはない。

スーパー外様藩はもう手がつけられない状態であるが、その彼らをかろうじて抑えているのが柳生一族である。ほとんどキン・ニュン宗矩が個人的にパオ・ユーチャンたちの信頼を得ているだけとも噂される。それがキン・ニュン宗矩が幕府で権力の中枢にある最大の理由ともいわれている。

私が彼《か》の地へ行ってから早七年。ワ藩はいったいどうなったか。私が暮らした村の人たちはどうしているか。

「(戦闘地である)ミャワディ以外、どこへ行ってもかまわない」

駐日ミャンマー大使館の参事官が船戸さんにそう保証したので、私はものすごく興奮した。

ワ藩へいける!

急いで七年前のフィルムを取り出してプリントしたのだ。私の村の友人たちは写真なるものを見たこともない。再会を祝し、それを土産《みやげ》がわりに手渡そうと思ったわけだ。

ところが。私たちのワ藩行きの申請は柳生一族、おそらくはキン・ニュン宗矩本人から却下された。何の説明もなく。

ラショーからワ藩まで道さえよければたったの一日で着くというのに。

やはり、あんなヤバイ地域はそうそうやすやすと外国の作家には見せられないということなのだろう。

船戸さんはがっかりしている私にこう言った。

「やっぱり、ワにはそう簡単には入れないんだよ。おまえみたいに手間暇かけてもぐりこまなきゃな」

それが慰めといえば慰めなのだが、無念極まりない。

私はホテルの部屋で、そっと写真を取り出した。

そこには満開の白いケシの花が咲き乱れるなか、村人兼兵士の友だちが銃を高く掲げて微笑んでいるナイスな写真もあった。私が村の長老と一緒にパイプの煙をくゆらし、恍惚《こうこつ》状態にあるクールな写真もあった。

パオ・ユーチャン以外もやっぱりマズい写真ばかりで、柳生連中には見せられない。写真を大事にバッグにしまいながら、私はため息をついた。

「これはまた別件で行くしかないな」

第三章　たそがれのミャンマー幕府

柳生車内のブタさん人形

中国がアメリカに見えた日

ラショーを出て、われわれは北に進路をとった。いよいよ船戸さんが待望する中国との国境へ向かうのだ。

ここからは一般の外国人は通常訪れることができない「未開放地域」だ。

かつて反政府ゲリラや麻薬マフィアが出没した名残《なご》りかと思われるが、別に道路を車で移動しているかぎり、不穏な雰囲気は感じない。ただ、高原からアップダウンの多い山道に変わった。

対向車線からトラックがひっきりなしに現れる。しかも「よく、こんなくねくねとした山道を越えてくるなあ」と感心するくらい、巨大なトラックばかり。

みんな、中国から物資を運んでくるのだ。行き先はラショーである。

「あー、援幕ルートなんだなあ……」と思わず独り言がもれた。

かつてラショーは交通の要衝であった。

イギリスの植民地時代、ラングーン（現ヤンゴン）からラショーまでの鉄道はインドシナの大動脈だった。

日本が中国に侵攻したときも、蔣介石《しょうかいせき》の南京《ナンキン》政府は、連合国からラショー経由で物資を送ってもらっていた。ラショーまでは鉄道で、そこからトラックに積み替えられ、山道を登ったり下ったりしながら、中国との国境を越えていく。

いわゆる「援蔣ルート」だ。

この補給路があるかぎり、国民党政権は倒れない。日中戦争も泥沼化する一方だ。——そう思った日本軍はビルマに侵攻、このルートをおさえたわけだが、それがさらなる泥沼化を呼んだのは周知のとおりだ。

ラショーは今なお交通の要衝である。

といっても、昔とは物資の流れが逆になっている。今は中国からヤンゴンに向かって、大量の中国製品が輸送されているのだ。

ラショーの鉄道駅のすぐ近くには「トランスポーティション・バタリアン（輸送大隊）」と大きく記された軍の駐屯地があった。

察するに、ここでは幕府軍が直接軍とは関係のない民需品を輸送しているらしい。中国からの商品を軍が独占してラショーから首都まで輸送して儲《もう》けているのだ。

前にミャンマーの柳生は、本物の柳生とちがって商売を盛んにやると書いたが、これはミャンマー幕府自体の特徴でもある。

ミャンマー幕府が国際的に孤立しても、経済制裁をいくら受けてもいっこうに平気なのは、中国がバックについているからだ。その中国からこのルートを通って物資が滝のように流れ込んでくる。

一般の商品は、幕府軍の「輸送」部隊が商う。軍事物資も少なからずこのルートで流入しているはずだ。

つまり、この街道がミャンマー幕府の生命線なのである。

援蔣ルートならぬ「援幕ルート」と呼んだのはそういうわけだ。

巨大なトラックが細い道を轟々《ごうごう》と走ってくるなかを、私たちはまるで産卵に帰る鮭《さけ》のように遡行《そこう》していった。

五時間あまりで、中国との国境の町ムセーに着いてしまった。

小ぢんまりした、しかし、なんとなく居心地のよさそうな町である。さっそく街歩きに出た。

柳生一族は、依然として私たちをぴったりマークしている。船戸さんには運転手が、私にはセキュリティがつく。しかし、そのニュアンスは昨日までと少しちがう。

運転手はひっきりなしに船戸さんに話しかけ、さかんに冗談を言っては大笑いしている。

セキュリティのほうは、私が道端の露店や商店の軒先を覗《のぞ》き込むたびに、店のおじさんやおばさんに「彼は日本から来たんだ。でも、ビルマ語が話せるんだ。おれの友だちだよ」と得意気に説明している。

両者とも、マークしているというより、「なついている」というのに近い。

三十兵衛だけが、両方から取り残され、おろおろしている。ときには船戸・運転手コンビに追いすがっては英語が通じずに脱落し、ときには私とセキュリティの仲間に入ろうとしては、地元シャンの話題についていけず、またしょぼくれていた。

その後ろを裏柳生の男が「もう、どうでもいいや」という投げやりな態度でタバコをふかしながら、出迎えに来たムセー常駐の地元柳生三名をしたがえ、ぶらぶら歩いてくる。

まことにのどかな雰囲気である。

もっとも、国境のゲートが近い町の中心部へ行くと、三十兵衛の目つきが変わった。これまで見たこともない、獲物を狙《ねら》う猛禽類《もうきんるい》のような鋭い目で辺りをうかがっている。

たしかにこの辺はモノと人がごった返す、国境独特のカオスが感じられる。警戒するに値する場所だ。

おお、ミソっ子といえども、さすが柳生一族の端くれだ。と、私が感心したそのとき、三十兵衛はいきなり跳躍し、道路脇の店に飛び込んだ。

いったいそこに誰か怪しい者がいるのか!?

三十兵衛は厳しい表情で店のオヤジを呼びつけている。そして、ＤＶＤプレーヤーを指差した。彼はオヤジを強い口調で何か問い詰めている。オヤジは顔をしかめて、電卓を叩《たた》く。三十兵衛はさらに真剣な顔になり、別のＤＶＤプレーヤーを指差す。

もう私たちのことなど、頭から完全に消え去っているようだ。

よくよく見れば、彼の鋭い目は猛禽類以上に、バーゲンセールに殺到するおばちゃんの目に似ていた。

「おまえは、ここに買い物に来たのか？」彼が首を振りながら店から出てきたとき、私が半分呆《あき》れて半分からかうように言うと、三十兵衛はニコリともしないで答えた。

「ここでは何でもヤンゴンの半分の値段で電気製品が買える。品物の数もヤンゴンよりずっと多い」

三十兵衛が、本物の柳生十兵衛のように、一見ただのガイドを装って諸国を視察しているとはもうとっくに思わなくなっていたが、ただのガイドを装って諸国の商品を物色していたとは知らなかった。

ある意味で、それこそが彼の仕事の最大の役得であるらしい。

中でもムセーは格別のようだ。一般の外国人がめったに訪れることができない場所だからいちおうガイドである三十兵衛もなかなか来ることができない。今回のような稀《まれ》な機会を逃すわけにはいかないのだ。

実際、ムセーの賑《にぎ》わいには私も圧倒された。

ヤンゴンをはじめ、ミャンマーのどこにも売ってないようなしゃれた衣服が店の軒先から、露店からあふれている。仔細《しさい》に見れば、それは私が中国で見慣れた「箸《はし》にも棒にもかからない安物の化学繊維」なのだが、どういうわけか、ここではそれらが光り輝いて見える。

電気製品にしても、DVDプレーヤーのほか、CDラジカセ、ビデオデッキ、液晶テレビ、パソコン、デジタルビデオカメラまで何でもある。

ソニー、パナソニック、アイワ、シャープなど、こんなところにありえないと思うような日本の一流メーカーの品が、ありえないと思うような安価で販売されている。

要は中国製のニセモノなのだが、それでもこれだけの物量で圧倒されたら、たまらない。ただでさえ、私は二週間近くもミャンマーにどっぷり浸《つ》かっているのだ。

「アメリカ……？」私の頭に脈絡もなくそんな言葉が浮かんだ。昭和四十年代の子供がイメージするアメリカがそこにあった。

中国がアメリカに見えるとは、どういうことか。しかし、圧倒されているのは私と三十兵衛だけではなかった。

「こりゃ、すごいな。まさに日出《い》づる国だ」船戸与一が嘆息した。船戸さんには中国が日本に見えたのか。彼はこうも付け加えた。

「あからさまだな、日出づる国と日が沈んだきり出てこない国の差が」

ムセーの町では、地元柳生はみな携帯電話で連絡をとりあっていた。いや、柳生だけじゃない。まるで、日本かタイのように、人々が当たり前に携帯を持っているのだ。

驚いたことに、運転手までが、ポケットから携帯を取り出して、電話をはじめた。

「今まで使ってなかったじゃないか？」そう訊《き》くと、ノリのいい運転手はニヤッと笑った。

「ラショーの辺りじゃ携帯が通じないんだ。だいたい、これはミャンマーの携帯じゃない。中国のだ」

ミャンマーは首都ヤンゴンと第二の都市マンダレーの市内以外では、アンテナがないため、都市部でも携帯電話がまったくつうじない。だからこの町では、みんな中国の携帯を使っているという。

中国の電話会社に通話料を支払うシステムだ。ここからヤンゴンやマンダレーにかけるときは「国際電話」になるが、料金は「ちょっと高い程度だ」という。運転手は仕事柄しょっちゅうムセーに来るので、ミャンマーと中国、二つの携帯を持っているのだった。ミャンマーであるのに、中国に片足突っ込んでいるおかげで、その余得にありついている。それがムセーという町で、ちょうど返還前の香港の逆の立場にあるのだった。

私たちは中国側へ行きたかったが、旅行者は国境を越えられないとのことだった。

しかたなく、中国側の町が見える丘の上にあがった。

ちょっと大きめの川、ルイリ川を挟んで、瑞麗《ルイリ》の町が見えた。

「はれえ!?」私はマヌケな声を出した。

大都会じゃないか。霞《かすみ》がかかった中にそこだけ幾つもの高層ビルが屹立《きつりつ》していた。なんだか映画で見るマンハッタンのようだ。出稼ぎに行きたくなる気さえする。

「あれが、あの瑞麗?」

かつて、私はその町を二回訪れている。北京や上海《シャンハイ》どころか、雲南省の省都・昆明《こんめい》から来たときさえ、「思えば遠くへ来たもんだ」とつぶやきたくなるような辺境の町だった。

「あー、南国の田舎《いなか》はいいなあ」と冷えたビールを飲んで熟睡、朝起きたら有り金残らず盗まれていた……なんてこともあった。そのあと、ヤクザみたいな田舎刑事たちがやって来て、「あんた、女を連れ込んでたんだろ? で、その女が金と一緒に消えたってわけか」とあらぬ推理をして、私を激怒させたことまで思い出した。しかも、つい一年半前の話だ。

「ふざけんなよ!」と言いたくなるその田舎町がマンハッタン? 出稼ぎ?

私の頭は、ミャンマー人の羨望《せんぼう》と記憶の中の憤激がごちゃまぜになり、収拾がつかなくなった。

手近にいた三十兵衛をつかまえて、この気分を訴えようとしたが、さすがに私のビルマ語力では到底無理だった。三十兵衛は私の話を聞き流し、目を細めて言った。

「タカノ、あそこに行けばすごく美人の女がたくさんいる。カジノもある。あの町には何でもあるんだ……」

ミャンマー幕府を援助し、国民に生活物資を供給する自由の国・中国。あこがれの都・瑞麗……。

ほんとうにどうかしている。ミャンマーも、私も。

武家社会はつらいよ

「なんだろう、いったい……」

私は首をがくがく言わせながら、考えていた。既視感のような、何か心の中にひっかかる馴染《なじ》み深いものがある。

変だなと思った。このルートを行くのは初めてだ。

周囲のスタッフは三十兵衛以外は一新されていた。運転手も車ごと変わったし、セキュリティも裏柳生も帰っていった。その代わり、ムセーの現地柳生が車二台（一台は軍の護衛）で付き添っている。もちろん、みな初対面である。なのに、そんな気がしない。

いや、正確に言えば、この既視感は柳生との旅が始まった時点からうっすらと感じていた。それが、いま急激に膨れ上がっている……。

私たちは中国国境のムセーから北へ向かっていた。

ひどい山道である。

アップダウンが激しいばかりか、舗装されていない道の凹凸がこれまた強烈だ。私たちの乗ったピックアップトラックは時化《しけ》の海の小船のように、揺れて揉《も》まれる。ヘビースモーカーの船戸さんが途切れなく吸うタバコの先端から、灰がボタン雪のように座席や私のズボンに降ってくる。

フロントガラスにはなぜかでっかいピンクのブタさん人形が吊り下げられており、車がバウンドするごとにそれも飛び跳ねる。

なぜ、国家の権力を握る柳生一族の車にそんな場違いなファンシーグッズが飾られているのか不明だ。しかも、そんな邪魔くさい人形など取ってしまえばいいのに、運転手の視界の妨げにならないよう、三十兵衛が助手席から懸命に手で押さえている。

車内は揺れるだけでなく、暑い。窓を閉め切っているせいだ。

武装した軍の護衛車両がもうもうたる土煙をあげて先導しているので、窓を開けられないのだ。

「この辺には今、ゲリラは出ないのか？」私が訊《たず》ねると、色黒の運転手はこちらをちらっと見ながら言った。

「三年前くらいまでは出た。今はもういない」

この中国国境付近の山中は、反政府民族ゲリラ「シャン州軍」の一派が出没すると聞いていた。誰に聞いていたのかというと、出没する当のシャン州軍の幹部にである。

いくらなんでも知り合いに襲撃されたくはない。

ホッとしたのだが、それは襲撃される可能性がないからだけではなかった。

運転手がこちらに顔を向けたとき、匂ったのだ。

土と草木と汗が入り混じったような匂い。めったに風呂に入らない、山の民の独特の匂いだ。「あー、なつかしい」私は思った。

コンゴの狩猟民族も、アマゾンの先住民も、似たような異臭を発する。ミャンマーの外《と》様《ざま》支配区でも毎回同じ匂いを嗅《か》いでいる。

日本で嗅げば「くさい」の一言だろうが、こういう場所では妙に安心できる。

そのとき、ハッと気づいた。

さきほどからひっかかっていた既視感の正体がわかったのだ。

柳生一族こと軍情報部との旅は、私がこれまで何度も体験してきた外様軍ことゲリラとの旅とそっくりなのだ。

私はこれまで何度もシャン州軍（勝手に仙台伊達藩の反乱軍とする）、カチン独立軍（同加賀前田藩）、ワ州連合軍（同蝦夷《えぞ》松前藩）の兵士と一緒に彼らの支配区や、ときには幕府軍の領域をも旅してきた。

彼らは民族こそ異なるが、私への応対の仕方はほぼ同じであった。

まず、とにかく丁寧である。気をつかいすぎるほど気をつかう。その一方、私の行動を逐一監視し、「あっちへ行くな」とか「一人で出歩くな」とかうるさい。

これは私が今回の旅でさんざん文句を言っていたことと同じだ。

他にもある。

三十兵衛ら柳生の面々は、本来旅行会社であるにもかかわらず、今日、どんなホテルに泊るのか、次はどんな車で移動するのか、何時ごろ目的地に着くのかといったことを呆れるくらい説明しない。

「だいじょうぶ。心配するな」そればっかりだ。

これも毎回、私がゲリラと移動するときに聞かされるセリフで、ときには言い争いの種にもなる。

「オレたちはあんたの面倒を責任をもってみる。だから、黙ってついてこい」

これがゲリラのスタンスであり、柳生旅行社のスタンスでもある。

一人、責任者というかガイド役がおり、場所が変わるごとに護衛が替わるというのも同じだ。

山道に入るとそれがなおさらはっきりしてくる。

ゲリラとの旅も、雨季ならぬかるみにはまって泥んこになり、乾季ならもうもうたる土煙を延々と何時間も浴び続ける。車がシケの小船状態なのもそのままだ（ただ、ゲリラとの旅はトラックの荷台だったり、もっとオンボロな車両なので、快適さは比較にならない。その辺のちがいが「既視感」という曖昧《あいまい》な感覚を生んだのだろう）。

ゲリラの関係者の車にも、よく「I❤NY」のステッカーとか、戦士にふさわしいとはとても思えない、とんちんかんなファンシーグッズが別に恥ずかしげもなく貼り付けられている。車の小物はあくまで個人の趣味であって、「男らしさ」とか「兵隊の気構え」とは関係ないらしい。

さらに、交わす会話も似ている。

私はゲリラたちとよくこんな話をしていた。

「この辺に政府軍が来ないのか？」

「三年くらい前はよく出没したが、今は出ない」

似てるどころか、そっくりそのまんまである。「政府軍」と「ゲリラ」が入れ替わっただけだ。

さらには、ゲリラの兵士や将校も、最初こそしゃちほこばっているものの、一緒に酒を飲んだり、現地語を話したりするとたちまち「なつく」。そして、この運転手のように、柳生一族でも僻地《へきち》勤務の人間は匂いまでゲリラと似ている。

とどのつまり、すべてが「いつもと同じ調子」なのだ。

同じような自然環境下で生きているせいだろうか。それとも、戦っている相手同士は互いに似てくるものなのだろうか。

もう一つ、柳生とゲリラには興味深い共通点がある。

どういうわけか彼らはこちらに質問をしてこないのだ。いっぽう、私たちが質問をしても「どうしてそんなことを訊くのか?」とは決して訊いてこない。

例えば、船戸さんはジャーナリストビザを取得している。三十兵衛たちはパスポートを見るからそれは知っているはずだ。

しかし、「あなたはどこに所属しているのか?」とか「何を取材しているのか?」とは全然訊かない。

船戸さんはまだいい。いちおう、ジャーナリストビザがある。私などただの観光ビザだ。なのに、私の職業を訊こうとしない。船戸さん一人がジャーナリストビザで、もう一人が観光ビザというのもひじょうに不自然なはずだ。実は私は入国前それをひじょうに心配していたのだが、誰もその点には触れようとしない。ありがたいのだが、まるっきり無視されると、「おい、ちょっとくらい関心をもってくれよ」と寂しい気持ちにもなる。

船戸さんが「麻薬王・クンサーに会いたい」と言ったときも、三十兵衛たちはただ「知らない」と首を振るだけで、「どうして会いたいのか?」とは訊かなかった。

ゲリラもまたそうである。

もちろん、最初にトップには話を通さなければならない。そこに至るまでの道のりは生《なま》半可《はんか》なものではないが、いったん上が承諾すると、そのあと現地で私の面倒を見る人々はほんとうに驚くくらい何も訊かない。

ほんと、どうしてだろう?

ゴムマリのように飛び跳ねる車にしがみつきながら考えているうちに、ふと、私はあるミャンマー専門の日本人ジャーナリストが書いたエッセイを思い出した。

それによれば、日本の会社で働くミャンマー人はおうおうにして多大なストレスを感じており、それが昂《こう》じてノイローゼや精神障害にまで至ってしまう者もいるという。

「そりゃ無理もないよな。日本の会社はガチガチの管理システムだし、社員を有無を言わさずこき使う。南国から来た外国人には酷な話だ」

ふつう、そう思うだろう。私もそう思った。

ところが逆なのだ。ミャンマー人たちはこう言うらしい。

「日本の会社では上司が自分に意見をきく。会議でもどんどん発言してほしいと言われる。それが辛《つら》い……」

彼らは日本企業の「自由さ」に戸惑っているというのだ。

武家社会のミャンマーでは、公の場で個人が自由な発言をする機会などないに等しい。上の命令にしたがって動くだけだ。それが身にしみついているので、日本の会社で「君も何か言ってよ」などと言われるとものすごいプレッシャーを感じてしまうのではないか。──少なくとも、そのジャーナリストはそう推察している。

ゲリラと柳生の反応もこれに近いのではないか。

与えられた任務遂行が第一であり、預かった客の素性や目的など訊かない。そういう政治的なことや組織の核心に触れそうなことは、訊かないほうが身のため──そんな処世術ができあがっているのだ。もちろん、自分の意見など言わないにこしたことはない。

この晩、私たちはバモーというエーヤワディ河のほとりにある、小ぢんまりとした町に泊った。

三十兵衛以外は新しいメンツであったが、もう「運転手の友だち」と称する正体を隠した裏柳生もいない。私たちが無害であると判断したのだろう。

私たちも彼らとのやり取りに慣れたので、酒を酌み交わして簡単に打ち解けた。

船戸さんと私はいつも、彼らと別れたあと、ホテルの部屋で二人だけで飲む。だが、この日は柳生連中がなんだか気心の知れたゲリラ連中みたいな気がして、私は「おい、一緒に飲もうよ」と誘ってしまった。

三十兵衛と、三十代半ばとおぼしき護衛役の現地柳生一人がなんとなく付いてきた。話しているうちに、現地柳生の男がかつて十年以上にわたって、ゲリラであるカチン独立軍と前線で戦った経験があることがわかった。

「あんた、どのくらい人を殺した？」

船戸さんは例によってずばり訊いた。現地柳生はまじめに考え込んだが、首をふった。

「よくわかりません。自分が殺したのか、味方が殺したのかわからないことがあるし、怪《け》我《が》をさせただけかもしれません」

ほんとうに律儀な答えだ。船戸さんのことが上官に見えてきたのかもしれない。

船戸さんは重ねて問う。

「じゃあ、あんたの部隊では何人くらい殺された？」

護衛柳生はまた考え込み、指を折り始めた。

「××曹長、××伍長《ごちょう》、××二等兵、××二等兵……」

とつとつとした彼の口から十に近い実名が出てきた。

私は驚いてしまった。

私はこれまでゲリラの兵士たちから、「おれたちの仲間は政府軍の連中に殺された」と幾度となく聞かされたが、一人が直接の戦友をこんなに失ったという話は聞いたことはない。やはり、ゲリラ戦では幕府軍の損害のほうが大きいのかもしれない。

船戸さんは重ねて訊く。

「あんたは、相手が憎くて銃を撃ったことはないか？」

現地柳生は黙り込んだ。なんと答えていいか困っている。

船戸さんは容赦なく問い詰める。

「思ったことを言え。相手が憎かったのか、それとも、ただ上官の命令にしたがって引き金を引いたのか？」

現地柳生はまたしばらく真剣に考えた。強いプレッシャーを受けているようだ。

「うーん、やっぱり上官の命令でしょうか……」

私は彼がかわいそうになってきた。昔は上官の命令で戦争へ行き、今は上官みたいに振舞う日本人に意見を無理強《じ》いされているからだ。現地柳生ばかりか三十兵衛も辛そうな顔をしている。

船戸さんの傍若無人な質問を遮らなくては。そんな気遣いから、私は三十兵衛にまったく別な話をふった。

「アウン・サン・スー・チーをどう思う？　オレは、彼女が政権をとっても国を運営することはできないと思うんだけど」

気遣いどころか、もろに政治的核心をついてしまった。が、コワモテのボス船戸与一の尋問から逃れて二人ともホッとしてしまったらしい。

三十兵衛は大きくうなずき、友だち口調で答えた。

「そうなんだ。スー・チーは軍と一緒に政府を作らなければいけないよ」

現地柳生も、両手の人差し指をこすり合わせる仕草をして言う。

「そう、そう。スー・チーと軍、一緒にやらなきゃね、一緒にね」

ほう、そう思ってるのか。私はさらに一歩踏み込んだ。

「じゃあ、つまり軍だけじゃ政府はやっていけないってことだね？」

そのとき、二人はハッとした表情になった。

いつの間にか、余計なことまでしゃべってしまった――それに気づいたようである。

「あ、あ、今日はもう遅いから……」

三十兵衛はあわてて腰を上げ、現地柳生とともにそそくさと部屋を出て行った。

柳生一族の末端さえも、スー・チー千姫と協力しないと幕府は続かないと思っている。

実に貴重な証言を得たわけだが、ただ一つ、彼らが明日から心労で寝込んだりしないかということだけが心配である。

在日ミャンマー人だけではない。

ゲリラにしても柳生にしても、武家社会は辛いのだ。

鎖国の中の国際人

ミャンマーの東北のシャン州から北部のカチン州へ陸路で抜ける旅を終えて、私たちは、カチン州都ミッチーナから空路でミャンマー第二の都市マンダレーに戻ってきた。

マンダレーはミャンマー最後の王朝の都があったところだ。今でもお堀に囲まれた広大な王宮跡があり、古都の面影を若干ながらも残している。その意味では、日本の京都にあたる。

いっぽう、マンダレーは昨今、中国系マネーが流入しているため、経済の発展具合はヤンゴンを上回る。その意味では、大坂に相当するとも言える。

というわけで、それら二つの要素をひっくるめ、いっそマンダレーは「上方」と呼ぶことにしたい。

実際に、今でもエーヤワディ河の下流にあるヤンゴン周辺を「下ビルマ」、上流にあるマンダレー周辺を「上ビルマ」と呼ぶ。

まさに、「上方」なのである。

さて、外様藩領域から戻ってくると、なるほど上方マンダレーは近代都市である。車がひしめき、粗雑ながらも新しいビルがガンガン建設されている。

しかし、私が驚いたのは、街のあちこちに巨大な赤い看板が立てられていることだった。それにはビルマ語と英語でこう記されていた。

「人民の希望」

◎外的な要素にもたれかかり、（わが国に対して）ネガティヴな見方をし、（外国の）手先のように活動する輩《やから》に反対します。

◎国家の安定と国民の進歩を脅かす輩に反対します。

◎（わが国の）内政に干渉する外国諸国に反対します。

◎（国の）内と外に存在するあらゆる破壊分子を共通の敵としてぶっ潰《つぶ》します。

「うーん、すごい……」私は思わず唸《うな》ってしまった。

もちろん、人民の希望とは幕府の希望なのだが、「外国＝悪い」の一点ばりで、まるで

「外国船打ち払い令」のようだ。他にもっと大事な希望はないのかと他人事ながら心配になってくる。

あとで知ったことだが、この「人民の希望」と称する「幕府の希望」看板は、国の至るところに掲げられている。

徳川幕府がキリスト教を恐れたのと同じくらい、ミャンマー幕府は民主主義を恐れている。そして、それが排外主義＝孤立化＝鎖国へとどうしても発展してしまうらしい。

ミャンマー幕府の鎖国ぶりは私たちもいろいろと見聞きしてきた。

まず、国際電話が異常に高い。だいたい、ヤンゴンから東京まで、一分で三百円くらいする。十分もしゃべれば、庶民の一カ月の生活費がブッ飛ぶだろう。もう、「外国に電話をするな」と言っているようなものだ。

外国から最も簡単に情報を受信でき、また発信もできるインターネットは、「外国の危険思想」がてんこ盛りなので、もっと厳しく規制されている。

まず、ミャンマー国民は一カ月二百ドルの使用料を払わないといけない。町の人間の平均的な月給の三カ月分から半年分にも及ぶ途方もない金額だ。そんな金を持っているのは幕府のお偉いさんか、豪商くらいで、とどのつまりは幕府に害を与えない人間だけが使用を許されている。

江戸ヤンゴンの高級ホテルでも、ＶＩＰルームの宿泊客のみ使用可となっている。ここ上方マンダレーでは、吝《しわ》い柳生旅行社が珍しく最高級ホテルを用意してくれたが、そこにもネットの設備はなかった。

電子メールはここ二、三年でようやくビジネスをやっている人間なら使えるようになった。しかし、それも「いちいち検閲を受けている」という噂《うわさ》がある。

「メールを全部チェックできるわけないだろう！」と思うが、ミャンマー人だけでなく、在住日本人もそう主張している。

考えてみれば、ジャーナリストビザの発給判断を首相であるキン・ニュン宗矩が自らやっている国である。可能性はないとは言えない。

それだけではない。

外国からの留学生の受け入れを、幕府の閣議で審議しているとも聞いた。今年は何人を受け入れるかとかそういう総論ではなく、学生一人一人の履歴書や研究目的を老中（大臣）たちが額を寄せ合って検討するという信じがたいことを実際にやっているそうだ。

留学生というだけで、危険思想を広めに来る伴天連《バテレン》のように思うのかもしれない。

鎖国体制維持のためには、何をやっていても不思議はない。

いちおう、インターネット事業は民間企業による自由競争となっているが、実はその圧倒的最大手は、キン・ニュン宗矩の息子がオーナーだという。

インターネットも実質的に柳生一族の独占なのだ。

だから、ミャンマー人のみならず、在住日本人でさえ、検閲を恐れて、メールでは政治的な話に触れないように気をつかっている。

幕府はそれくらい、人民が外国の情報や外国人と接するのを嫌っている。

しかし、不思議だ。

幕府がどうしてこれほどまで頑《かたく》なに外国嫌いで鎖国しているのか、ということではない。心配してやっているはずの肝心の人民が鎖国からかけ離れていることだ。

政治的には鎖国しているのに、ミャンマーの国民は社交的で、外国人とも余裕綽々《よゆうしゃくしゃく》と会話する能力をもっている。少なくとも私は常々そう感じている。

マンダレーでもそれを思わせる出来事があった。

マンダレーではパンロン（ビルマ語ではピンロン）という次の目的地へ行くミャンマー航空のフライトが突然、キャンセルになった。

ミャンマー航空はおそろしくいい加減に、いやフレキシブルな対応で運営されている。例えば、利用者が少ない場合、「あ、飛ぶのやめよう」と即断する。

利用者が少ない便が二つ、三つあれば、「あ、それ、セットにしよう」と思いつく。日本で言えば、金沢行きと仙台行きと名古屋行きがあった場合、突発的に一日でそれを周航するという便を作ってしまうのだ。

幕府のお偉いさんが「わしは今日ヤンゴンへ行きたいのお」と言えば、ほんとうはマンダレー行きでも、「御意《ぎょい》！」とばかりにヤンゴンに飛ぶこともあるらしい。

ひたすらスケジュールを死守し、五分の遅れでもバカバカしい謝罪のアナウンスを流す日本の航空会社にも——この百分の一くらいは——見習ってほしいほどだ。

もっとも、私たちは「ミャンマーをネガティヴに見ている外的要素」なので、「どうして急にキャンセルになるんだ！」と腹が立った。しかし、それを言えば、幕府の希望、いや人民の希望を踏みにじることになる。仕方なく、おとなしく待つことにしたのだった。

ともかく、暇になった私は、船戸さんと別行動をとり、朝から市内観光に出かけた。

車は柳生一族との旅の一番最初に乗せられたトヨタのフルタイム４ＷＤハイエース、運転も船戸さんとアメリカ批判で意気投合したあのノリのいい運転手である。彼とその車はここマンダレー駐在である。

この日、初めて知ったのだが、運転手は実は三十兵衛の従兄《いとこ》だった。名前をコウ・タンという。そしてもう一人、コウ・タンと一緒についてきた若い男がいた。

裏柳生ではなく、コウ・タンの息子だった。マンダレーの銀行に勤めているという。とりあえず、私たち四人は朝飯を食いに出かけた。

高級ホテルの洋風朝食は私はどうも好きになれないのだ。庶民の食堂のほうがよほどどうまい。ミャンマーに来てから私は「朝は麺《めん》に限る」と思うようになっていた。

ミャンマーは日本の江戸時代とちがい、残念ながら外食文化は発達していない。しかし、麺類は旨《うま》い。旨いだけでなく、バリエーションが豊かだ。

それぞれの土地ごとに、その土地を代表する麺がある。

ヤンゴンでは濃厚かつさっぱりした魚だしのスープを使った麺モヒンガー、シャン州では米粉《ビーフン》の麺を辛いスープに入れたシャンカオソイや、黄色い豆で作ったとろとろの豆腐にこれまた辛肉ミソをつけ、そこに麺を放り込んだ絶品ワン・フン。

そしてここマンダレーにはムディという麺があると聞き、コウ・タンに頼むと、「それじゃあ、マンダレーでいちばんムディが有名な店に行こう」ということになった。

ちなみに、船戸さんは「ミャンマーの麺はみんなコシがなくてまずい」と言う。たしかに、ここの麺にはコシはない。モヒンガーに至っては麺がぼろぼろなので、箸でなくスプーンですくう。それくらいコシとは無縁だが、ミャンマーの麺はそれを楽しむものなのだ。船戸さんはその辺のところをまるでわかっていない。まさにミャンマー幕府が指摘する「わが国をネガティヴに見る外的要素」である。

だから、あえて船戸さんがいないときに麺屋へ出かけたわけだ。

連れて行かれた店はなるほど大盛況である。ごった返す客を押しのけるようにして空いているテーブルにつき、麺を食べる。

今日はオフの日だし、三十兵衛もコウ・タンもリラックスしている。「大名旅行」に飽きていた私は久しぶりに新鮮な空気を吸ったような気がした。

ところが、期待していたムディはブタ肉の細切り、香菜《シャンツァイ》、揚げ麵の上からさらにこってりとしたタレがかかっており、見かけこそは「おおーっ！」という豪勢さだが、意外に味は平凡である。

生粋のマンダレーっ子であるコウ・タンたちにそう言おうと思ったら、私以外はみんな、シャンカオソイを食っていた。

「おい、どうして、みんな、ムディを食わないんだ？」私は口を尖《とが》らせた。

「いや、だって、ここはシャンカオソイが旨いんだよ」コウ・タンがニヤニヤする。

「え、なんでだよ!?」私は叫んだ。

「しょうがないじゃん、あんたがムディを食べたいって言ったんだから」と三十兵衛。

「ここはムディで有名だけど、評判を聞いて食べにくるのは田舎者。地元の人間はシャンカオソイさ」コウ・タンの息子も笑う。

「あー、騙《だま》された！」と私が片言のビルマ語でわめくと、近くにいたテーブルの人間までがドッと爆笑した。

それから、ひとしきりミャンマーの麵の話でわいわいと盛り上がり、ミャンマー麵の価値を知らないボス・船戸与一を哀れんだりした。

私は大声で笑いながら、またしても「不思議だ……」と心の中でつぶやき続けていた。それはミャンマー人の社交性の高さである。

上下関係が発生するところではからっきり意気地がない彼らだが、対等な立場だと、初対面でもよくしゃべる。特に、相手を微妙にからかうような冗談がうまい。

ここでも私がおもしろいことをしゃべっているように見えて、実は彼らがうまく私にツッコミを入れて、ボケ的反応を引き出しているのだ。

外国人相手に、なかなか微妙な冗談は言えない。一つ間違えると失礼にあたるからだ。特に日本人はこういうのが苦手だ。一般の日本人にしては外国慣れしているはずの私も、いまだにその辺の距離感をつかむのには苦労する。

しかし、ミャンマーの人、特に町の人は民族を問わず、こういう社交性を身につけている人が多い。やたら、距離のとり方がうまいのだ。

コウ・タンとその息子も、英語こそ話せるが、外国人と会う機会はめったにないというからなおさら不思議だ。

ミャンマー人が三人で私一人が日本人だから向こうのペースになってしまっているという面もあるが、決してそれだけではない。

というのは、私は、ずっと前から同じ印象を抱《いだ》き続けているからだ。

なにしろ、私がミャンマーに興味を持ったのは、タイのチェンマイに住んでいたとき、タイ人よりも出稼ぎや難民として流入してくるミャンマー国籍の人々と話をするほうがずっと楽しかったからだ。

日本でもそうだ。

例えば、私は何度か東南アジア各国の人々が集まるパーティに出たことがあるが、なぜかいちばん社交的なのはミャンマー人だった。それも、一生懸命やっているのではなく、ほんとうに手馴れた感じなのだ。

あまりにも手馴れていて、私が目をつけていた日本人の女の子をミャンマー人の男に先に口説かれたという苦い経験すらある。

あのミャンマー人にはやられたが、それはともかく、鎖国の国に生まれ育ち「外的要素」から隔離されている彼らのほうが、いつでも自由に外国へ旅行に出かけられる日本人や他のアジア人より外国人慣れしていて、しかも気の利いた即興のやり取りがうまい。ある意味では、日本人の悲願である「国際人」をすでに達成しているとも言える。

どうしてだろう？

この疑問は私のなかに居座り、ある意味でミャンマー人の最も不思議な部分となっていたのだ。

私は疑問を胸においたまま、マンダレー見物に出かけた。

マンダレーには申し訳ない話だが、正直言ってこの町には何も期待していなかった。十年前にも来たが、だだっ広いだけで、面白味に欠けるという記憶しかない。

ところが、マンダレーには意外な「見所」があった。

それはさまざまな宗教の寺院である。

ミャンマーといえば、どうしても「黄金のパゴダ」というイメージになり、それは間違いではないのだが、それだけではなかった。

まずは「清真寺」。これは中国のイスラム教徒「回族」のモスクである。回族はビルマ語ではパンデーと呼ばれ、「赤と緑と黒のあるところ、パンデーあり」ともいわれる。

赤はルビー、緑はヒスイ、黒はアヘンのことだ。いずれもミャンマーが世界に誇っていい——のかどうかはわからないが名産である。そういったものを目ざとく商売にして、のしあがってきたのが雲南系中国ムスリムの彼らなのだ。

「モスク」と言われた時に頭に浮かぶ、あのネギ坊主のようなミナレットこそあるが、ドカンとした方形の建物はいかにも中国的で、モスクには見えない。中に入れば、漢字、ビルマ文字、アラビア文字の三種類の表記があり、エキゾチスムが満開である。

お次は、カトリック教会。これがまたたまげた。

バモーやミッチーナなどカチン州ではクリスチャンが多数派なので教会はよく見ていた。

どれもプロテスタント（ほとんどがバプティスト）教会であり、特に他の国のものと変わるところがなかったが、マンダレーのものは独特だった。

フランスやスペインにあるような立派なカテドラルなのだ。しかも、真ん中に中国語が記され、その部分がど派手な赤と黄色で塗られている。

中華風カテドラルとでもいうのだろうか。こんな奇妙な、しかし美しい教会は初めて見た。教会に出入りしている人はほとんどが中国系であった。

年配の人をつかまえて話を聞けば、「ここに集う人は大部分が広東《カントン》出身の客家《ハッカ》だ」という。客家は中国南部に広く住む漢族の支族だ。戦乱から逃れて離散してしまっていながらも民族の結束が固い点や、商売人として長《た》けていることから「中国のユダヤ人」と呼ばれることもある。

そう言えば、たしか孫文も客家でカトリックだった。インドネシアやマレーシアでも中国人はカトリックが多いと聞くが、広東出身の客家なのだろう。そんなコネクションがここにも及んでいるらしい。

もっとも、クリスチャンに国境はないので、インド系の人もいる。ただし、ミャンマーに土着の少数民族はほとんどがプロテスタントで、カトリックはひじょうに少ないという。

中国人にはこの他に観音信仰のお寺があるというし、もちろん、ふつうのミャンマー仏教に帰依《きえ》している人も多いはずだ。つまり中国人だけでも宗教に四つの選択肢があることになる。

どんどん興が乗ってきた私は、コウ・タンの案内で、今度は「インド仏教寺院」を訪れた。コウ・タンは「仏教」と呼んだが、寺の入り口に書かれていた文字はヒンディー語だった。

「ここはヒンドゥーなのか仏教なのか？」そう訊ねると、出てきたインド人らしき男性は見事なくらいのインド訛《なま》りで、見事なくらいのインド人的決めつけ方でこう言った。

「仏教は自動的にヒンドゥー教に含まれます」

彼はたまたまインド人だったが、他の大部分の信者はネパール系、具体的には第二次大戦のとき英軍兵士としてやってきたグルカ人の子孫らしい。

それだけでも感心したのだが、「本尊」を見学して、さらに驚かされた。

インド系男性は「シヴァ神」と説明するのだが、どこからどう見ても、日本の観音像なのである。

ミャンマーの仏像は顔がのっぺりしていて日本の仏像とは似ても似つかないが、なぜネパールから持ってきたというシヴァ神が観音像そっくりなのか？

世界に名高い仏教国ミャンマーのど真ん中で出会った異郷かつ異教の神像が、日本人仏教徒たる私が拝んでいる仏像に最も近い。

アジアの民族・信仰・文化が縦横に交錯しているということは知識としては知っていた

が、今その生き証人に出会ったような気がした。

私はものすごく興奮してしまい、コウ・タンや三十兵衛はそれを笑いながら見ていた。

「タカノ、君はクールダウンが必要だ」

子どものように興奮している私に、コウ・タンたちがからかうように声をかけた。そこで、みんなで、軽くビールを飲むことにした。

コウ・タンの息子は途中で帰っていたため、私たち三人だけになった。

「アッラー、アックバル！」

夕闇《ゆうやみ》に沈む街角にはイスラムの礼拝を告げるアザーンが鳴り響いていた。これは中国系ではなく、インド系ムスリムのモスクだという。

「ほんとに、この国にはいろいろな宗教があるんだね」私はしみじみと言った。

「それが問題なんだ」そう言ったのは三十兵衛である。

「何が？」

「ちゃんと結婚できるかどうか……」

何の話かと思えば、三十兵衛本人の話だった。

三十兵衛にフィアンセがいるのは聞いていた。来年、式を挙げる予定だということも。

しかし、何か問題を抱えているとは知らなかった。

「どうして？」と私は訊いた。

「彼女がカチン人のクリスチャンなんだ」

へえ、おまえもかと私は思った。今回の旅行中、二度も同じような話を聞いていたからだ。

ムスリムはムスリム同士がほとんどのようだが、仏教徒とクリスチャンの組み合わせは意外に多いらしい。

三十兵衛によれば、双方とも親は特に反対しているわけではないという。ただ、問題は儀式だ。

「まず、結婚式をどっちのスタイルでやるかが大問題。結婚したあとでも、相手の親戚《しんせき》が結婚したり葬式があったりしたとき、どうするのか。その都度、ぼくはお父さんとお母さんに『教会へ行ってほしい』と言わなければならない……」

それは親孝行を根本に据えるビルマ仏教の世界では、相当に気がとがめることらしい。

「彼女がカチン人だということは問題じゃないの？」私は訊いた。

「もちろん、それもあるよ」三十兵衛はぼそぼそと答えた。

「お金の習慣がね、まあ、ビルマ人とは感覚がちょっとちがう……」

よくわからないが、結婚する場合、嫁さんの実家にお金をあげるかどうか、結婚式の費用をどちらが出すかとか、遺産の相続はどうするのかとか、そういうことがいろいろとちがうらしい。

だいたいにおいて、ミャンマーでクリスチャンというのは、たいていが少数民族だから、宗教問題と民族問題がセットになるのだ。

「あんたはどう？　奥さんは何族？」私は運転手のコウ・タンに訊いた。

「おれのかみさんはシャン人だよ。まあ、同じ仏教徒だから、そんなに難しくない」

「それにシャン人は美人だからね」三十兵衛がまぜっかえした。

「それにおれはビルマ料理よりシャン料理のほうが好きだし」コウ・タンは得意気に言った。

「でも、シャン人は民族意識が強いんじゃないの？」私は意地悪く訊いてみた。

なにしろ、私は何年もシャン独立運動と関わっていた経験があるので、その辺の事情は詳しいのだ。

すると、コウ・タンはニヤッと笑った。

「そうだね。タカノ、知ってる？　シャン人はシャン州からマンダレーに来るとき、『ビルマ（ミャンマー）へ行く』って言うんだ。彼らは、シャン州が国だと思ってるんだ」

私も笑った。シャン人を話題にするときの定番ネタだからだ。

たとえれば、仙台人が上京するとき、「日本へ行く」というようなものだ。

まさに「国内に国がある」のである。

こうやって話しているうちに、ちょっとした閃《ひらめ》きに近いものを感じた。民族と宗教の多様性、これこそがミャンマー人の国際性を養っているのではないか？今回の旅だけでも、私はすでにビルマ、カレン、シャン、カチンの各民族に会っている。彼らの居住区はそれぞれが「国」のようになっている。つまり、ミャンマーの中にはたくさんの国がある。例えば、ヤンゴンのビルマ族の人間がシャン州やカチン州の田舎へ行けば、それは外国に近いものがあるだろう。逆もまた真なりだ。

いっぽう、都市部では、それら各民族が縦横無尽に織り交ざって、一つところに暮らしている。中国系やインド系、ネパール系なども混ざる。宗教も民族と錯綜《さくそう》するようにバラエティに富んでいる。江戸ヤンゴンや上方マンダレーのような都市部は、それこそメトロポリタンの様相を呈している。

もちろん、田舎に住んでいる農民はちがうだろうが、少なくとも、中等以上の教育を受けていたり、都会に住んでいるミャンマー国籍の人間は、日常的に異文化と接触しているのだ。

日本人がいまだに特別視している「国際結婚」だって、彼らには深刻ながらもごくごくありふれた悩みの種なのだ。日本の「嫁と舅《しゅうと》姑《しゅうとめ》」レベルの悩みかもしれない。日常的にこういうふうに揉まれていれば、社交の場で、初対面の外国人相手に冗談を飛ばすくらい、わけはないだろう。

……と、そこまで考えると、急にもっと巨大な閃きというか妄想にとらえられた。

昔の日本もそうだったんじゃないか？

（旅行記でこんなことを書くのは逸脱しすぎかもしれないが、どうせ最初から逸脱してるので、気にしないで続ける。）

前々から不思議だったのだが、二百六十年間鎖国をしていた国が突然、開国し、あれよあれよという間に西欧文明を取り入れ、近代化してしまった。

私の幕末から明治にかけての知識は、もっぱら司馬《しば》遼太郎《りょうたろう》をはじめとする歴史小説に負っていて、ちゃんとした史実などろくに知らないのだが、少なくともそれらを読むかぎり、当時、指導的立場にあった人々は実にすばらしい社交・外交能力を持ち合わせていたことになっている。

あんなのはフィクションなので作者が勝手に作り上げた理想像がふんだんに盛り込まれているはずだが、それを差し引いても、今の日本人よりずっと国際的な人が多かったのでは、という印象はぬぐえない。

それは「幕藩体制」のおかげなのではないか。

当時、各藩はそれこそ独立国の状態にあった。徳川幕府という絶対権力は存在したが、今のアメリカと国連を一緒にしたようなものだろう。

各藩には、君主がおり、内閣があり、外交官がいて、幕府や他藩との交渉を行っていた。藩によっては一般習慣も法律も言葉も同じ日本人とは思えないほど隔絶したものだったろう。

東北や九州など、東京出身者の私には今でも言葉がよくわからない地域がある。ましてや、共通語もない当時は完璧《かんぺき》な外国語だったにちがいない。

「薩長会談」で薩摩の西郷隆盛と長州の桂小五郎と土佐の坂本龍馬《りょうま》がせっかく集まっても、まず言葉がよくわからなかったと思う。彼らの話し合いというのは、イギリス人とフランス人とイタリア人の国際会議に近かったのではないか。

しかし、彼らは異国の人間とのやり取りには慣れていた。二百六十年、そういうふうにやってきたのだ。

いっぽう、江戸や上方は諸国の人々が集まるメトロポリタンである。

各藩で優秀な人間は、江戸や上方へ「留学」した。出稼ぎや難民もそこに流れ込んだ。今のニューヨークやパリみたいにだ。参勤交代なんて、世界中の大統領や首相が一年おきにニューヨーク滞在を義務づけられるという感じだったんじゃないか。

これで国際感覚が育たなかったらどうかしている。

というわけで、彼らは、異文化や外国語に対応する能力が、画一化された今の日本人とは比較にならないほど鍛えられていた可能性がある。

ちょうど現代のミャンマー人のように。

これは大発見ではないのか!?

私はまた興奮してきたが、三十兵衛たちに説明するのが困難だし、これ以上はしゃぐと、ほんとにバカだと思われる可能性がある。非国際人は細かいところを気にするのだ。

それで、高ぶる気持ちを抑えてビールをぐいっと飲んだ。

私は三十兵衛に話しかけた。

「なあ、おまえ、結局、来年のいつ頃結婚式を挙げるの？」

「ミャンマー航空と同じだよ、へへへ」三十兵衛は丸い目をぱちくりさせながらニヤニヤした。

「え？」

「いつキャンセルになるかわからない」

「別の場所へ飛ぶかもしれないし」と運転手コウ・タン。

「あ、それはもっと困る！」三十兵衛は悲鳴をあげた。

マヌケな男だと思っていた三十兵衛も柳生、というよりミャンマー人の端くれである。けっこう気の利いたジョークを飛ばすのであった。

ミャンマー開国の暁《あかつき》には、三十兵衛たちが猛然と「外的要素」の吸収に励む日が来る！……なんてことになれば、面白いのだが。

第四章 柳生十兵衛、敗れたり！

巨大ウリの上で読書する少女

アウン・サン家康の風呂場

船戸与一は点の旅、つまり飛行機でポン、ポン飛ぶような旅を嫌う。

「地べたを這《は》わなきゃ、何もわかんねえだろうが」というのが彼の言い分である。

実際には、地べたを這っているのは車であり、船戸さんは座席で紫煙をくゆらしているだけなのだが、それでも彼の目は常に風景を見続けている。

私などはしょっちゅう、うとうとしてしまうので、船戸さんに「おまえ、せっかく来てるのに、もったいないことするな！」とよく叱《しか》られた。

船戸さんはメモを一切とらない。しかし、その代わり、抜群の記憶力で、地形や気候、現地の人の格好や仕草、道路状況などを心に深く刻み込んでいる。

それが船戸与一作品の一見、荒唐《こうとう》無稽《むけい》なストーリーをリアリズムに引き寄せている秘密なのだろう。

そんな船戸さんが今回の旅で唯一、飛行機でトンボ返りしても見たがった場所がある。

それがパンロンだった。

パンロンは、シャン州の南部にある小さな町だ。

シャン州についてはもう何度も、東北の雄、仙台伊達藩に相当すると言っているが、その土地は広大だ。伊達藩が東北全土を支配下においているようなものだ。前回、車で旅行したときは、その北部、日本なら岩手から青森あたりを通った。

今回は同じシャン州でも遠く離れた南部だ。宮城か福島あたりをイメージしてもらうといいかもしれない。

上方マンダレーから州都タウンジー（さしずめ仙台か）まで飛行機で飛び、そこからまた車で未舗装の山道を四時間行く。すると、パンロン近くのロイリンという田舎町《いなかまち》に着く。

そこで一泊したのだが、ベニヤ板で区切った二畳ほどの小部屋しかない木賃宿だった。前日まで泊っていたマンダレー・ヒルズ・リゾートは一泊約八千円だったが、ここは一泊五十円くらいだろう。

四時という早朝に起き（この辺ではみんなこの時間に起きるから、うるさくて寝ていられないのだ）、宿を引き払い荷物を車に積み込んでから、市場へ朝飯を食いに行った。

この辺りはシャン人よりもパオウという民族が多い。真っ黒の上下、頭には黄色やオレンジのタオルをターバン状にぐるぐる巻くという独特のスタイルなのですぐにわかる。

標高が高いせいだろう、けっこう冷え込みがきついので、ショールを身にまとっている女性もいる。白い息を吐きながら、野菜や果実、葉巻などを売り買いする彼女たちの顔は朝焼けに赤く染まり、凛々《りり》しい。山の朝である。

朝食の麺《めん》をすすっていたら、突然、宿のおかみが現れ、息をはずませながら船戸さんに「はい、これ」と何か差し出した。

使い捨ての歯ブラシだった。よく高級ホテルに置いてあるやつだ。

船戸さんはそんなものがいくつもたまっていたので、邪魔くさいから部屋に捨てていった。それを宿のおかみが「あら、たいへん、忘れ物！」と思い、わざわざ市場まで私たちを探しに来たのだった。人ごみと物をかきわけて。

「すげえな、ミャンマーって国は」船戸さんは心底、感動していた。

「こんな国は初めてだよ」

世界中を百カ国近くまわっている人の言葉だけに説得力がある。

付け加えれば、おかみの親切は私たちが柳生一族と一緒にいるからではない。

私たちはこれまでも似たような親切に至るところで出会っているからだ。

柳生に会う前、チャンターという海辺の町では、船戸さんが受け取るのを忘れた釣銭をもって追いかけてきた売り子がいた。

私も、ヤンゴンでホテルのカードキーをタクシーの中に忘れたとき、タクシーの運転手がわざわざ届けてくれたことがある。それも、私たちが柳生トラベルのオフィスに行ったときで、彼は私たちが出てくるのを一時間も待っていたらしいのだが、私たちがオフィスから出るなりあっという間に別のタクシーを拾って宿に帰ったので、それをまた追いかけてきたという。その執念にも近い親切心にたまげてしまった。

どれもこれも無償の行為である。その証拠に、みな、ブツを渡すと、ニコッと微笑《ほほえ》んですっと立ち去る。

これはこの国が軍事政権で公安の目が厳しいからとか、敬虔《けいけん》な仏教徒が多いからという理由もあるだろうが、それだけでは片付けられないような気がする。公安の目が厳しくても敬虔な仏教国でも親切心に乏しい国は少なくない。

それよりも昔、日本で使われていた「お天道《てんと》さまに申し訳ない」という言葉を私は思い出す。といっても、私はすでに直接耳にした記憶はなく、出会ったのはもっぱら小説の中であるが。

この世に生を享《う》けたかぎり、まっとうに生きるのがつとめであるという意識がかつての日本には存在したのだ。

ミャンマーの人々にはこれに近いものが感じられる。それは山本周五郎、藤沢周平、といった作家が描く江戸時代の日本を彷彿《ほうふつ》させて、懐かしい気持ちにさせられる。

そんなミャンマーという国はどういう成り立ちをしたのか。

その鍵《かぎ》となる場所がこれから訪れるパンロンであり、現場主義者である船戸さんがぜひとも見たいと熱望した土地だ。

パンロンは一種の聖地である。

第二次大戦終了後、アウン・サン家康はいよいよ天下統一に乗り出した。しかし、彼が望んだのは武力による統一ではない。和議によるものだった。

彼は、国中から主要な大名（少数民族の代表）たちをこのパンロンに集めた。そして、軍主体でないどころか、ビルマ族が主体でもない、各民族が平等な連邦共和国として独立することに同意した。

言ってみれば、関ヶ原の戦いのあと、徳川家ではなく、諸大名が連邦国家を形成することに合意したようなものだ。

各大名たちがその合意文書に調印、ミャンマーは連邦国家としてスタートすることになった。この地の名をとり、「パンロン条約」と呼ばれる。

パンロン条約はアウン・サン家康の死後も、そのまま新国家の憲法にも盛り込まれた。その証拠に、ミャンマー（当時はビルマ連邦共和国）の初代大統領は、シャン州の代表だった。

伊達政宗を大統領とする民主的な江戸時代がはじまったようなものである。

ここまではよかった。麗しい話だ。しかし、今このパンロンは、誰にとっても聖地とは素直に呼びにくい場所になっている。

それにはわけがある。パンロン条約そのものが、大きな問題を二つ抱えていたのだ。

まず、各大名を召集したときさきほど書いたが、実は、署名したのは、シャン（仙台伊達藩）、カチン（加賀前田藩）、チン（米沢上杉藩）のみだった。

カレン（薩摩島津藩）、カヤはただの「オブザーバー参加」であり、モン、アラカン（ヤカイン州）に至っては招かれもしなかった。（カヤ、モン、アラカンは勢力が比較的弱い外様《とざま》である）

アウン・サン家康の見通しが甘かったのか、それとも彼がその時点でできるのはそれが精一杯だったのか。どちらにしても彼はどうもシャン、カチン、チンという三つの外様だけをとりあえず押さえておけば、天下はまとまると考えていたようだ。

特に、アウン・サン家康が重視していたのはシャン伊達藩である。それだけではない。さらなる譲歩までしている。

「独立後、十年を過ぎた時点でシャン伊達藩が連邦共和国から分離独立したければする権利がある」という内容の条項を盛り込んだのだ。そして、それは新国家の憲法でも保証された。

別個に独立を願っていたシャン伊達藩側にとっても、これは譲歩である。彼らもアウン・サン家康のまっとうな性格を信用していたのだ。

ところが、アウン・サン家康が独立直前に暗殺されたことで、両者の関係はおかしくなってしまった。

多数民族であるビルマ族の意見がどうしても政治に強く反映される。自分たちの力で独立を勝ち取ったという意識の強い幕府軍（国軍）が何かと理由をつけては権力を拡張する。そういう事態が十年以上続いた。

その結果、シャン伊達藩は「もう、うんざりだ。われわれはビルマから独立する。これはパンロン条約（＝憲法）に保証された当然の権利だ」と言い出した。

ここで、飛び出したのがアウン・サン家康の右腕にして盟友であったネ・ウィン秀忠だ。「天下分裂の危機を救うは我らなり！」と、幕府軍を率いて江戸ヤンゴンを制圧、大統領だったシャン人の「伊達政宗」を幽閉し（その後、彼は獄死）、憲法の停止を命じて、軍事独裁体制を築いた。

こうしてミャンマー幕府がはじまった。

だから、パンロン条約は誰にとっても、ひじょうに痛し痒《かゆ》しの問題だ。

ミャンマー幕府としては、「民族和解、国家統一」の象徴として、パンロン条約とその地を国内外に喧伝《けんでん》したい。しかし、その内容に細かく触れられると困る。

倒幕派のスー・チー千姫（久々の登場だ）にしても同様である。民主主義者の彼女は、父親であるアウン・サン家康が約束し、憲法でも保証されたシャン伊達藩分離独立権を防ぐ手だてがない。しかし、倒幕およびその後の政権運営のためには、シャン伊達藩の協力は不可欠だ。

外様諸侯も、パンロンに参加できた側とできなかった側では対立する。

そんなわけで、このパンロンという地は宙に浮いたようになっていたのだ。

しかし、私たちが訪れてみると、巨大なパゴダが建設されているところだった。

しかも、ヤンゴンにあるミャンマー最大最高のシュエダゴン・パゴダと同じ様式だという。

「ついに、幕府が本腰を入れてきたな」私は思った。

ミャンマー幕府は、自分の占領地にはパゴダを建てるという習慣がある。それをまじまじと実感したのは、カチン州のミッチーナ郊外だった。カチン独立軍支配区の目と鼻の先にパゴダを作っていた。

ほとんどがクリスチャンであるカチン人に見せ付けるように仏塔を建てるとは、「制圧」の標《しるし》にほかならない。まるで、国家が占領したところに自分たちの国旗を立てるようなものだ。

パンロンもそうである。

シャン人は同じ仏教徒だからパゴダでもいいだろうと思うかもしれないが、シャンとビルマではパゴダの建築様式がちがう。それをあえて江戸ヤンゴンの様式をもってくるのだから、これはやはり「制圧」であろう。

条約の条項についてはどう説明するつもりか。

ここでも、実は幕府は長年かけて手を打ってきた。

私たちは例によって、三十兵衛のほか、地元柳生をぞろぞろ引き連れていたが、誰一人、条約の正確な内容を知らない。みんな、「全部の少数民族の代表がここでサインをした」と思い込んでいる。

いちばんしつこく戦いを続けているカレン島津藩が参加してないことも、シャン伊達藩が分離独立権を保証されていることも知らない。

柳生一族がすっとぼけているのではない。私が「いや、そんなはずないぞ」と言うと、三十兵衛らがみんなであーだこーだとオープンに話し合っている。ただ、彼らが無知なだけだ。

もっとも、ヤンゴンにいたときに会った倒幕派のカレン人でさえ知らなかったのだから無理はない。

国民全体が幕府の姑息《こそく》な策略に乗せられているのだ。

「お天道さまに申し訳が立たないと思わねえのか？」と江戸弁で言いたくなる。

だが、この日、私たちはパンロンでなかなか面白いものを見つけた。

独立直後に建てられた記念碑の近くに小さな村があり、そのあちこちに赤や青、緑、黄などの旗が立っている。それもしなった竹の先につけられた色あせたボロい旗だ。

それが、みんな、パンロン条約署名を記憶するために立てられたものだという。

例えば、ある農家の庭先には青い旗が立っていた。

「ここは、アウン・サンが泊ったところだ」三十兵衛は地元柳生と相談しながら言う。

当時、ここは家が十二軒しかない、ほんとうの寒村だったので、アウン・サンたちは天幕を張ったらしい。

「アウン・サンは軍隊を連れて来たのか？」船戸さんが訊《き》くと、三十兵衛は考え込んだあげく、首をふる。

「……ひとりで来た」

またしても、三十兵衛の無知無能がはじまった。最近は英語もけっこうしゃべれるようになっていたのに（旅も後半になって今さらだが）、ボス船戸に問い詰められて窮《きゅう》してしまったせいか、なぜか私に向かってビルマ語で説明する。

「アウン・サンが一人で来るわけないだろう」私がいらいらしながら言う。

「いや、アウン・サンも少数民族の代表も、みんな、軍隊を連れず、一人ずつ来たんだ。なんでかというと……、そうそう、それが友好の印だったんだ」

「ひとりでこんなところまで何で来たんだ？」

「えーと、えーと、……そうそう、馬で来たんだ」

三十兵衛の奴《やつ》、ついに物語を勝手に作りはじめた。

「じゃあ、あの旗は何だ？」私は隣の家の敷地に立っている赤い旗を指差した。

「あれは、えーと……あ、みんなでご飯を食べたところだ」地元柳生のひとりが答えた。

「ん？　アウン・サンも少数民族の代表も、みんな、一人ずつ来たんだろ？　誰が飯作ったんだ？」

すると、三十兵衛が言う。

「いや、みんなで協力したんじゃないかな……」

私は思わず大声を出してしまった。

「え、じゃあ、自炊!?」

探検部の合宿じゃあるまいし、どうしてアウン・サン将軍と大名諸侯が集まって自炊するんだ？　そんなわけねーだろ！　と思ったが、なんとなくその光景を思い浮かべるとほのぼのとしたいい感じがあった。

私の「自炊!?」発言に、三十兵衛と地元柳生たちも思わずプーッと噴き出した。

アウン・サンたちが自炊したというのは、やはり作り話だった。なぜなら、そのすぐ裏にまた別の旗があり、「そこは護衛の兵士が泊った場所だ」と地元柳生が言ったからだ。

ちゃんとお付きの者がいるじゃないか。当たり前だが。だいたい、物語を作るにしても、最初から辻褄《つじつま》が合った話をすればいいのに。

それから、「アウン・サンと各代表が条約にサインしたところ」とか、「各代表が宿泊したところ」などを見て回った。

いずれも、今は別に何もない、ただの民家の敷地である。

一つだけ、小さな池というか沼の横に緑の旗が立っていた。

「これは何だ？」私は訊いた。

今度ばかりは即答がかえってきた。

「アウン・サンが水浴びしたところだ」

「え、水浴び？　この水浴びか？」私は体を拭《ふ》いて頭を洗う仕草をした。

ドッと大爆笑が起きた。三十兵衛も地元柳生も笑い転げている。

私も思わず、噴き出してしまった。

なんて、牧歌的なんだろう。アウン・サンの時代だけでない。いま、このひとときも。

私たちが笑っているのを、怪訝《けげん》そうな顔でパオウ族の女性が眺めていた。彼女の黄色いターバンの向こうから、水牛の群れがのそのそと歩いて来る。

パゴダよりも、条約よりも、何よりも、今この場所が「まっとうだ」と思ったのは、私の錯覚だろうか。

柳生と老中の死闘

パンロンから再び上方マンダレーへ戻った晩のことである。

私は船戸さん、三十兵衛と一緒に、マンダレーでも一、二を競う高級ホテル、マンダレー・ヒルズ・リゾートのバーカウンターで黙々と酒を飲んでいた。

私の隣には若いミャンマー人が一人、スツールに腰掛けていた。

白のTシャツにジーンズ、そして頭には赤いキャップをかぶり、首には金のネックレスが光っている。いかにも「遊び人」といった風情《ふぜい》だが、ミャンマーというより、日本の遊び人に近い感じだ。よく見れば、顔立ちもジャニーズ系だ。

——いったい、何者なんだろう？

このバーではウィスキーがシングルで一杯、五ドルする。日本円で六百円。つまり、日本のふつうのバーと同じ価格であり、ミャンマーではべらぼうな金額だ。日本人の感覚では、たぶん六千円くらいだろう。

私でさえ、大作家・船戸与一のお供だからこそこんなところにいるわけで、そうでなければ近づくのも憚《はばか》られる。安いゲストハウスなら、一泊五ドルで泊れるのだ。酒一杯に宿一泊分を費やすのは度胸がいる。ましてや、ミャンマー人にとっては、日給を軽く超え、週給に近いかもしれない金額だ。

その証拠に、この店に出入りしているのは、大半が外国人だ。ミャンマー人も若干見かけるが、主に中国系である。

この若者は色が浅黒いことから、中国系ではないと思われた。ファッションもこの国では不似合いなくらいあか抜けている。

まさか、新たな柳生の刺客《しかく》じゃないだろうな……。

新たも何も、刺客など一度も現れたことがないのだが、そんなことを妄想しつつ彼の端整な顔を眺めていた。すると、男が急に話しかけて来た。

「あのー、日本人の方ですよね？」

発音もアクセントも完璧《かんぺき》な日本語であった。

「え、日本人の方ですか？」私は目をみはった。

「いえ、ミャンマー人です」男は、人なつっこい笑みを浮かべながら言った。

「私は日本に七年住んでました。今もよく行きますよ」

日本帰りか。それなら金があるのもファッションが先進国風なのも合点がいく。一見ちゃらちゃらしてそうだが、礼儀正しくて、愛想もよい。ますますジャニーズ系である。

ジャニー君は話好きだった。

日本では印刷所で働いていたこと、そこで覚えた技術を持ち帰って、ヤンゴンで印刷会社を起こしていること、それが成功していることなどをニコニコしながら語った。

「ほら、あれもうちの会社で作ったんですよ」と彼が指差したのは、なんとミャンマービールのポスターだった。この国では最大規模のメーカーである。

「ミャンマーの大きい会社の広告はだいたいぼくのところで作ってますね」と彼は事もなげに言った。

ジャニー君改めジャニー社長によれば、日本の印刷技術は圧倒的に優れているので、競争相手がいないのだという。

――しかし……。

日本で印刷業に従事した経験のあるミャンマー人は彼ひとりではないだろう。欧米で技術を習得した人間もいるだろう。彼が有能であるにしても、この若さ――意外に歳は食っていたがそれでも私と同じ三十七歳だった――でミャンマーの印刷業界の頂点に登りつめるとはどういうことだろう。

さらにジャニー社長はカランとグラスを傾けながら続けた。

「ぼくは三人兄弟。兄はヤンゴンでタクシー会社をやってます。弟はパブやレストランを経営しています。まあ、みんなで、協力しあってるんですが……」

なんだなんだ？　兄は日本でタクシーの技術を、弟は飲食業の技術を、それぞれ習得してきたのか？　そんなわけないよな……。

私が驚くのをジャニー社長は楽しんでいるようだった。余裕綽々《よゆうしゃくしゃく》といってもいい。ハンサムで金があり、社会的にも大成功というわけか。きっと、女にもモテまくってるんだろう。で、冴《さ》えない風体の日本人をつかまえて自慢話をしているのか。

何かひじょうにおもしろくない場面だ。でも、私は何も誇れるものがない。しかたなく、手近にあった誇れるものを引っ張ってきた。

船戸与一である。

「この人は、すごく有名な作家ですよ。今度、ミャンマーの小説を書くんです」と、私は彼に負けずに、つとめてさり気なく、カランとグラスを傾けて紹介した。

すると、彼は驚いた様子で、急にスツールから降りると、私たちをテーブル席へ誘った。

船戸さんだけでなく、三十兵衛ももちろんついてきたが、ジャニー社長は軽く挨拶《あいさつ》しただけでろくに顔も見ない。ただの旅行ガイドだと思っているのだろう。実は、ただの旅行ガイド以下なのだが、三十兵衛本人は当然そうは思っていない。むすっとした顔をしている。

「困ったことがあれば、何でも私に言ってください。例えば、飛行機の席がないときでも私に言ってくれれば、だいじょうぶです。どんな飛行機にでも乗れます」

おいおい。印刷業、タクシー、飲食業の次は飛行機か？　いったいこいつは何者なんだ？

「すごいですね。あなたは何でもできるんですか？」

半分以上イヤミで訊いたのだが、ジャニー社長はにっこり微笑んで「まあ、たいていのことは」と答えた。で、ちょっと声を潜めた。

「実は、私のお父さん、ミャンマーでは有名な人です。今はもうリタイヤしてますが、国の全部の大学のいちばんえらい人でした。ダゴン大学という有名な大学の学長もしていて、タン・シュエ議長の息子さんも教え子です」

むむむ……、やっぱりそういうバックグラウンドがあったのか。

「ミャンマーの東大」ことヤンゴン大学は民主化運動の牙城《がじょう》となったために、学部がすべて閉鎖されたまま、現在に至っている。そして、あとで知ったことだが、今はダゴン大学がそれにとって代わっているという。

学生が政治活動などしないよう幕府がしっかりと管理しているというから、たとえて言えば、江戸の昌平黌《しょうへいこう》のようなものだ。ならば、その学長であったジャニーのパパは、ひじょうに著名な学者であるはずで、さしずめ林羅山《はやしらざん》ということになる。

ものすごい権力者の息子じゃないか。

だいたい、タン・シュエ議長の息子が教え子であるという。

タン・シュエ議長とは何者か。それをまだ説明してなかった。

タン・シュエとは、現在ミャンマー幕府のナンバー1である。とりあえずなら、彼が「将軍」なのかというと、難しいところだが、そうしておこう。三代目家光ということにする。

ミャンマー幕府の系譜を思い出していただきたい。

ビルマの紋次ことアウン・サン家康が独立の基礎をきずき、それを高杉晋ことネ・ウィン秀忠が「武家政治」という形で発足させたのがミャンマー幕府である。

しかし、ネ・ウィン秀忠が政治の表舞台を下りてからは幕府は集団指導体制に入る。老中や奉行などが合議で物事を決定するのだ。

ただ、その長というものは当然存在し、それがタン・シュエ家光である。

彼は、前の二代の将軍のように、絶対的権力はにぎっていない。それどころか、序列こそ一位だが、話を聞くかぎり、飾り物に近い印象も受ける。この辺りはミャンマー研究者の間で意見が分かれる。だから、「将軍」と言ってしまうのはためらわれるのだが、徳川幕府だって、家光くらいになれば、実権の大半は老中に移っていただろうし、そう考えれば辻褄が合わないわけではない。

タン・シュエ家光は、四回に一回ほどしか老中会議に臨席しないという。それだけでも彼が実務から遠ざかっていることが知れるが、たまに臨席すると、強権を発動するらしい。会議の席上で留学生受け入れ（例の学生一人一人を吟味するやつ）が討議されると、タン・シュエ家光がすべて「却下！」と叫び、話し合いが終了してしまうんだそうだ。

そこで、各国大使館は事前に情報収集を行い、タン・シュエ家光が出席しない会議にタイミングを合わせて、留学生の申請を行うという無意味な苦労を強いられているらしい。

まさに「上様」である。

しかし、タン・シュエ家光は決して侮《あなど》れない。というのは、その下に幕府軍（国軍）の「本流」がついているからだ。

本流とは、外様大名たちと戦い、戦場で武勲をあげてのし上がってきた者ども、もしくは陸軍士官学校を出て、これまた軍人畑を歩いてきた者どもだ。徳川幕府でいえば、譜代・旗本に相当する。

彼らは、情報力と陰謀で台頭してきたキン・ニュン宗矩率いる柳生一族を快く思っていない。というより、嫌っている。当然だろう。

彼らは老中・奉行でも多数派を占め、軍事力をすべて握っている。「柳生なぞ力でぶっ潰《つぶ》してやる！」と思っていても不思議ではないが、みなさん、知られては困る弱みを柳生に握られているので、動くに動けないのだ。

高齢のタン・シュエ家光はともかく、それに仕える幕府ナンバー2のマウン・エイは特にキン・ニュン宗矩と対立しているという。マウン・エイは、さしずめ松平伊豆守《いずのかみ》（信綱）の役どころか。

本物の松平伊豆守は将軍家光の治世に、「知恵伊豆」と評判をとった切れ者であり、柳生宗矩を評価していたようだ。ところが、ミャンマーでは、柳生一族総帥《そうすい》・宗矩と老中代表の伊豆守が次期将軍の座を狙《ねら》って、激しい攻防を繰り広げているという。あくまで外野からみればの話だが、たいへん面白い展開となっているのだ。


さて、話を戻し、林羅山の息子・ジャニー社長である。

「これからの予定は？」と訊くので、ミャンマー航空が明日、飛ばなくなり、予定が立たないという事情を説明した。

すると、彼はここぞとばかり、にんまりと笑った。

「大丈夫ですよ。ふふふ。明日、飛行機が飛ぶようにしてあげます」

おいおい、いくらなんでも無理だろう。すでに、夜の九時だ。だいたい、一民間人の一存で飛行機が飛ぶわけがない。しかし、手を振って私の言葉を遮り、初めてビルマ語で三十兵衛に話しかけた。その飛行機の便名を訊いている。

三十兵衛は憤然とした調子で、「それはわれわれもやってみたが、できなかった。あんたにできるわけない」というようなことを言っている。

しかし、ジャニー社長は歯牙《しが》にもかけない。

「大丈夫。ぼくのおじさんは運輸大臣です。今から頼んでみます」

驚く私たちをよそに、彼はほんとうに携帯を取り出して、電話をかけた。運輸大臣のおじさんとやらに掛け合っているらしい。

しばらく話をすると、彼の顔が曇った。

「すみません。やっぱり、明日はダメだそうです」電話を切るなり、ジャニー社長は申し訳なさそうに言った。

そこで、三十兵衛がそれ見たことか、という調子で、ビルマ語で何か言った。私には聞き取れなかったが、ジャニー社長の顔色が変わった。言葉遣いも丁寧になっている。

どうやら、三十兵衛が「おれたちは柳生だ」と言ったらしい。

「この人に任せてください。力がありますから」

ジャニー社長は、ゆがんだ笑顔を浮かべて言った。冷汗をかいたらしく、キャップを一瞬とって、頭をつつーっとなでた。

彼は最初の挨拶のとき、三十兵衛がナーガ・トラベルの名刺を差し出しているのに、それに反応しなかった。おそらく、彼のおじさんはタン・シュエ家光＝マウン・エイ伊豆守系の老中一派なのだろう。柳生系なら気づかないわけがない。

私ははからずも、幕府内で繰り広げられている柳生一族対老中の暗闘を垣間見たことになった。

三十兵衛はこっちを見て、がらにもなくウィンクをした。

「なあ、ＭＩ（柳生）と大臣（老中）はどっちがえらいんだ？」私は三十兵衛に頭を寄せて小声で訊いた。

「おれたちに決まってる」柳生のミソっ子は胸を張って答えた。たまっていたうっぷんを晴らしたという顔つきだ。

私も三十兵衛と同じ気分だった。ジャニー社長が柳生に負けたからではない。

私は権力も金もルックスも、何もかも手にしたという男にいたく嫉妬《しっと》していた。しかし、私は見てしまった。

ジャニー社長が帽子をとって汗をぬぐったとき、てっぺん部分は髪がほとんどなく、つるりんとしていたのを。

遺伝的なものなのかどうかわからないが、ミャンマー人で薄毛はたいへん珍しい。ましてや、若禿《わかは》げなど見たことがない。

世の中はよくできている。何もかも手にすることなど、不可能なのだ。

ミャンマーのシャーロック・ホームズ

私たちの旅もそろそろ終わりに近づいてきた。

上方マンダレーを再び発ち、飛行機で北西部のホマリンという町に飛んだ。一泊したあと、明日、ここからカレーミョウという町まで、エーヤワディ河と並ぶミャンマーの大河チンドウィン河を船で下ることとなった。

なぜ、船旅なのかというと、これまた特別な意味はない。

「車ばっかりも飽きるからたまには船でも乗ろうや」と最初の日程作りの段階で御大《おんたい》・船戸与一が無理やりつっこんだだけのことだ。

ホマリンは川辺に面した趣のある小ぢんまりとした町であった。

宿は古い木造の二階建てで、しゃれたベランダが廊下代わりになって各部屋をつないでいた。

Tシャツに短パンというラフな格好に着替えた船戸さんは、籐《とう》の椅子《いす》を部屋から引っ張り出して、ベランダの角においた。ちょうどそこには、日本では滅多にお目にかかれないような大木が枝葉を広げ、絶好の木陰をつくっている。船戸さんはそこにどっかと体を沈め、川面《かわも》をわたるそよ風にボサボサの髪とヒゲを吹かれていた。

「やられた！」と私は思った。私もまさにそこに椅子を出そうと思っていたのだ。

しかし、木陰は一カ所しかない。比較的涼しい時期とはいえ、午後二時の直射日光はきつい。私はベランダを諦《あきら》めて部屋で本を読むことにした。

持ってきていた数冊のうち、たまたま宮部みゆきの『堪忍箱』を取り出した。旅先で読むには文庫本の短編集がいい。江戸時代にタイムスリップしたようなミャンマーで時代ものを読むのも粋というもんだ。

ところがである。

「高野！」と、ドスのきいた声が聞こえた。「何か、本、持ってないか？ ヒマでしょうがねえ」

しょうがない。私はため息をつき、開きかけた文庫本をそのまま、船戸さんのところに持っていった。「これ、どうです？」

「ん？ おー、みゆきの本じゃねえか」船戸さんは文庫本の表紙をまじまじと見つめて言った。

船戸与一は宮部みゆきのことを「みゆき」と呼ぶ。

前に初めて船戸さんが「みゆきは売れっ子だからよお……」とか言ったときには、私は馴染《なじ》みの芸妓《げいぎ》の話でも始めたのかと思ったものだ。

コワモテ冒険作家の船戸与一と、写真やエッセイからして性格のよさそうな宮部みゆき。この二人はどういうわけか、気が合うらしく、たまに一緒に酒を飲んだりするらしい。

いったい二人でどんな話をするのか知りたいものだが、それについて船戸さんは語らない。ただ、「互いの作品については話さない」という。

「オレよお、みゆきの本、一冊も読んだことねえんだよ。たぶん、みゆきもオレの本、読んだことねえと思うけどな」とのことだ。さもありなん、という感じである。

「よし、一度くらい読んでみるか」

フセインのような面構《つらがま》えの男がえらそうにふんぞり返り、宮部みゆきの人情時代物を読む姿は不似合い極まっていた。

気勢をそがれてしまった私は他の本を読む気にもならず、三十兵衛と地元柳生を誘って外にぶらっと出かけた。

合歓《ねむ》の大木が並ぶ一本道をとろとろと歩いていった。

それにしても、ほんとうにミャンマーの木はでかい。

漢字で「木」を二つ並べると「林」になる。三つ重ねると「森」になる。もちろん、比喩《ひゆ》なのだが、ミャンマーに来るとそれが現実のものとなる。

ここホマリンも両側の並木があまりに巨大な木なので、たった二本で道路はゆうゆうと自然の天蓋《てんがい》に覆われる。それがずっと続けば、大通りも森の中の小道のようになる。

ミャンマーは大都市ヤンゴンでもホマリンのような人口一万人いるかいないかの田舎町でも、とにかくどこでもこんな大木がある。日本ではもちろん、似たような気候風土であるはずの隣国タイやベトナムでもめったに見ることのできないようなやつだ。

ミャンマーは一人当たりのGDPは世界最低水準で、国連からも「最貧国」の指定を受けている。しかし、一人当たりの大木（例えば周囲二メートル以上）保有率はどうだろう。世界有数ではないだろうか。

ときどき、こういう大木には花が供えられている。木に宿る霊に敬意を表しているのだ。ホマリンの道には、菩提樹《ぼだいじゅ》の複雑な木の脈が天然のお供え台になっているものさえあった。また、こういう大木には台がすえつけられ水がめが置かれていることもある。道行く人の渇きを癒《いや》すためである。

チェンマイに住んでいたとき、よく「タイでは昔、家の前に水がめを置き、通る人が自由に水が飲めるようにしてました。そのくらいタイ人は心がやさしいのです」と聞かされたが、ミャンマーではそんなことは今でも当たり前に見られる。昔話などではない。

木を眺めながら歩いていくと、家屋の中に埋もれている大木が道の脇にあった。

いや、ちがう。家屋を建てたものの、屋根が大木の太い枝にぶつかるので、庇《ひさし》を大きく木の幹の形に沿って切っているのだ。

日本人であれば、逆のことをするだろう。屋根にぶつかる部分の枝を、もしくは木そのものを根元から切ってしまうにちがいない。ミャンマーに大木が多いのは、大木をせっせと育てているのではなく、ただ切らないだけなのかもしれない。

その大木がめりこんでいる家は茶屋だった。若い男たちと中年の男たちと年寄った男たち、つまりあらゆる世代の男たちと、幾人かの女性が茶を飲んでいた。

この日は平日で、今は午後二時半である。

私は、めりこんだ大木の根元にあるテーブルに腰を下ろし、自分たちのことは棚に上げて訊いた。

「この人たちは、いったいどんな仕事をしてるんだ？」

質問というより、「みなさん、ヒマなんだねえ」くらいの、意味のない言葉だったのだが、生真面目《きまじめ》そうな顔をした地元柳生が答えた。

「あそこの若い男は学校の生徒で、こっちの青い腰巻きの男は役場で働いている。手前の髪の長い若者は船の仕事……」

客の素性を全部知ってるのか。さすが地元柳生……とかそういう問題ではなく、みんな顔見知りなくらい小さな町なのである。

奥をのぞけば、薄暗がりに本棚が見えた。貸し本屋を兼ねているらしい。ミャンマーは知る人ぞ知る、読書大国である。

江戸ヤンゴンや上方マンダレーはもちろん、地方のどんな小さな町にでも貸し本屋がある。実際に、ミャンマーでは電池やライターといった日用品を売る店より、貸し本屋のほうがたやすく見つかるくらいだ。それくらい、ミャンマー人はよく本を読む。

理由はよくわからない。ただ、昔からこの国は識字率がひじょうに高かったことに関係しているのはまちがいない。一九三〇年代にはすでに都市部では70パーセントに達していた。文字通り寺子屋で学ぶ子どもが多かったからだという。

今でも識字率の高さは世界の発展途上国としては群を抜いている。一九九五年の十五歳以上の識字率は83パーセントにものぼる。ミャンマーが国連に「最貧国」指定を申請したとき（「最貧国」に指定されると、債務削減や食糧援助など経済的に優遇措置がとられる。生活保護みたいなものだ）、識字率の高さが審査の段階で問題になったという笑えない話があるほどだ。「お宅のお子さん、みんな大学に行ってますね。それじゃ、生活保護は無理です」というような話である。

なんだかんだ言っても、世界で最も本を読むのは日本人だと私は思うが、それでも近年の本離れはすさまじい。日本以外のアジア諸国の人々はもともと本を読まないのがもっと読まなくなっている。

ところが、ミャンマーだけは頑張っている。理由は簡単で、電気が来ないからだ。江戸ヤンゴンや上方マンダレーでも一時間に何回も停電になる。他の町では、そもそも電気が夜の六時から十時ごろまでしか来ない。そして、そもそも農村では電気が通っていない。

吉幾三の歌じゃないが、いくらテレビやビデオデッキが普及しても、これでは限界がある。

電気を使わない、いちばん安上がりで楽しい娯楽――それが貸し本屋で本を借りて読むことなのだ。

その結果、ミャンマーでは昔から今まで読書文化の花が開きっぱなしだ。国民的な流行作家やベストセラーならぬベストレンタル（？）小説も貸し本屋文化から登場している。ちょうど、江戸時代の黄表紙本のような繁盛ぶりだ。

いまや日本や欧米を追い越し、一人当たりの年間読書量は世界一の可能性すらある。では、どんな作家や本が人気なのか。

聞くところでは、冒険もの、恋愛もの、幻想ものといった大衆小説が主流らしい。

この時点では知らなかったが、ミンテインカという現代ミャンマーの最高人気作家のベストレンタル小説『マヌサーリー』の日本語訳が出版されており、帰国してから、私も読むことができた。訳者は偶然だが、私もよく知っている高橋ゆりさんである。

これがなかなか面白かった。

二千六百年前から輪廻転生《りんねてんしょう》しながら生きつづける絶世の美女、彼女の切り取られた右手首、その右手首に刺青《いれずみ》で刻まれた不思議な印、その印が引き起こす不可解な悲劇、その悲劇に巻き込まれる男と女、彼らを救おうとする謎《なぞ》のインド人修行者や中国人僧侶《そうりょ》……。

まさに、「伝奇小説」の王道である。突拍子もないエピソードがからまりあいつつ、核心は仏教思想に貫かれているところなど、滝沢馬琴の『南総里見八犬伝』を彷彿《ほうふつ》させる。

特に私は、美女マヌサーリーが自分が二千六百年も生きてきた証拠を主人公に「ほら！」と見せつけるシーンにシビレてしまった。

なんと彼女の生命線は手のひらからはみ出し、体中をぐるぐるとまわって左足の親指まで達していたのだった……。


『マヌサーリー』を読んでいてどうにも不思議に感じたことがある。

翻訳にもかかわらず、その読み心地が妙にシャーロック・ホームズ物に似ているのだ。

特に、冒頭で、最初に不可解な出来事を体験した若者が主人公に相談しに来るところなど、会話の口調といい、描写の文体といい、事件の依頼者がホームズを訪ねて話をする場面に酷似している。

これはいったいどういうわけか。私がホームズ好きだから、ついそう思ってしまうだけなのか。ミャンマーとホームズなんて、これほどかけ離れた存在はない。

すると、訳者あとがきで、その謎が判明した。

この小説の作者ミンテインカは、ミャンマー大衆文学史上に残る大作家シュエウーダウンの文体や小説作法を真似《まね》しているという。そして、シュエウーダウンという作家の代表作は、コナン・ドイルのホームズ・シリーズを翻案した作品群だというのだ。

驚いたことに、私の直感は正しかった。

高橋さんは私の仲介で日本のミニコミ紙にミャンマーの小説を翻訳して載せている。そこでシュエウーダウンのホームズ翻案シリーズをいくつか翻訳してもらった。

これがまたなんとも言えない魅力に満ちたシリーズだ。ストーリーは基本的にドイルの原作と同じだが、舞台はイギリス植民地時代のミャンマー。そして、ホームズの代わりにウー・サンシャーというビルマ人の名探偵が活躍する。

私が読んだのは『ボスコム谷の惨劇』を翻案した『タグークーー』、『覆面の下宿人』を翻案した『家に隠れるインド女性』、『グロリア・スコット号』を翻案した『ウー・サンシャーの初事件』の三篇《べん》だ。

私は子どもの頃からホームズの大ファンなのでどれも筋書きはよく知っている。ストーリーや人物造形、文体は同じなのに、すべてミャンマー風味。ミャンマーカレー味のローストビーフとでもいおうか。

作者のシュエウーダウンのホームズへの傾倒ぶりは瞠目《どうもく》すべきものがある。

全部で六十篇ある本家ホームズ物（ファンが「聖典」と呼ぶもの）のうち、約半分を翻案したばかりか、次男のエイドリアン・コナン・ドイルがディクソン・カーと合作で書いた異色の短編集『シャーロック・ホームズの功績』に収められた作品まで翻案している。

執筆した年月も長い。著者が二十代の一九一〇年頃にスタートし、晩年の一九六〇年代まで五十年にもわたって書き続けた。

シュエウーダウンはそれだけホームズに入れ込み、ミャンマーの民衆もそれを支持したということだ。

もっとも、シュエウーダウンの仕事はホームズ翻案にとどまらない。アレクサンドル・デュマ『三銃士』、息子・小デュマの『椿姫《つばきひめ》』、サー・ウォルター・スコットの『アイバンホー』なども翻訳し、それらもまた文芸愛好者ではなく、一般民衆に愛され続けているという。

いや、そんな言い方は、もはや文芸愛好者と一般民衆が分離してしまった日本人の偏見である。ミャンマーではここの茶屋にたむろしているような老若男女すべてが文芸愛好者なのである。

茶を飲み終わって、またぷらぷらと大木並木を歩いて宿に戻った。

大木のたもとで物売りが品を広げている。彼らもまた本を読んでいる。

道の左側つまり西側にはチンドウィン河がゆったりとたゆたっているのが、「森」の間から見えた。すでに傾いた陽の光が川面に反射し、「森」に小さなアクセントを与えていた。なんという贅沢《ぜいたく》な職場環境であり読書環境なのだろう。私は嘆息した。

その中に、川を背にして、ツバの広い麦わら帽をかぶった三つ編みの少女がいた。彼女は、売り物である巨大なウリがゴロゴロ転がっている上にすわって、私が見つめるのにも気づかず、一心不乱に本を読みふけっていた。

大木の木陰で人が本を読みふける姿は美しい。そして、やっぱり可憐《かれん》な少女の読書姿のほうがコワモテの冒険作家よりもはるかに絵になるのだった。

柳生十兵衛、敗れたり！

ホマリンからカレワという町までチンドウィン河を船で下り、さらにそこからインド国境を陸路をせわしなく往復したあと、空路で二週間ぶりに首都ヤンゴンへ戻ってきた。

川下りもインド国境も、ただの観光といった程度で私には印象が薄かったが、船戸与一は御機嫌だった。

「小説の題名を思いついた」という。

「どういうのですか？」

「カハーニーシルベナークだ」船戸さんは得意気に言ったが、私は眉《まゆ》をひそめた。『アンナ・カレーニナ』とか『アイネ・クライネ・ナハトムジーク』みたいな東欧系のタイトルは船戸さんには珍しい。というか、ミャンマーに全然合っていない。

そう言うと、「バカ！」と叱られた。「『河畔に標《しるべ》なく』だよ」

あ、日本語だったのか。耳で聞いてもさっぱりわからなかった。

もっとも、船戸さんは上機嫌のままだ。

「船が浅瀬に乗り上げたことがあったろ？　あのとき閃《ひらめ》いたんだ。もうこれで小説は書けたも同然だな」

「え、タイトルだけで万事オーケーなんですか？」

「そうだよ。あとはこの題名に沿うように書きゃいいだけなんだから」

どういうことなのかさっぱりわからないが、本人が納得してるんだからいいのだろう。取材もこれでめでたく完了したということだ。

柳生一族ともこれでお別れだが、その前にもう一つ、私にはやることがあった。

「ソニチバ」こと千葉真一がミャンマーでは絶大な人気を博していることは前に述べた。それが柳生十兵衛ものにちがいないという私の希望的独断も述べた。

しかし、である。

最後にインド国境まで車で往復したとき、ハンドルを握っていたまた別の現地柳生の男から聞き捨てならないことを聞いた。

「ソニチバよりずっとおもしろい日本の映画がある」というのだ。

彼は後ろの座席にいる私に向かって熱心に話しかけた。

「オレはその映画を十二回見た。ビデオなんかじゃない。映画館でだ。年に一回、その映画がまわってくる。そのたびに見に行った。そして、そのたびに感動した。ソニチバなんてあれに比べれば問題外だ」

すごい情熱である。それより、前をしっかり見て運転してほしいと切に願いたくなったほどだ。

しかし、柳生十兵衛が太刀打《たちう》ちできない日本映画？　そんなものがあるのか？

それはいったい何という映画かと訊くと、彼は頭を振った。

「うーん、題名は忘れてしまった。主演の役者の名前もわからない」

おいおい、十二回も見て、それはないだろう。ほんとうにここの柳生一族は物覚えが悪い。私が呆《あき》れると、彼はムキになり、今度は内容を説明しはじめた。

「ある王女が宮殿暮らしが嫌になって、自由を求めて、一人で街に逃げ出す。そして、カメラマンの男と出会って、恋に落ちる……」

「はあ!?」私はひっくり返りそうになった。

そりゃ、『ローマの休日』だろう。

私は運転手に大声で言った。

「あのね、それ、日本映画じゃないでしょ。アメリカの映画でしょ」すると、運転手は怒ったように言い返した。

「いや、ちがう。日本の映画だ。舞台もトーキョーだ。オレは十二回見たんだ」

運転手も譲らない。アホかこいつ……と思いかけたとき、三十兵衛が口をはさんだ。彼はそれが任務の一つであるかのようにいつも助手席で熟睡し、そのときも例外ではなかったが、われわれの熱い論争に目を醒《さ》ましたようだ。

「そう、それは日本の映画だ。題名は『プリンセス・アンド・フォトグラファー』だ」寝ぼけまなこをパチパチさせながらも、三十兵衛はいつになく、ハキハキとしゃべった。

「あ、そうそう、それだ!」嬉《うれ》しそうに運転手は叫んだ。

え、ほんとにそんな日本映画があるのか？　そういや、『ローマの休日』の王女が恋に落ちるのは新聞記者だ。カメラマンではない。それに、『プリンセス・アンド・フォトグラファー』というのは私にわかりやすいように英語に直してくれたのではなく、ミャンマーでもそのタイトルで上映されたという。

二人の話を総合すると、その映画が最初に上映されたのは、今から二十年くらい前のことだという。現在四十歳というその運転手が若い頃に熱狂して見た。

三十歳そこそこの三十兵衛は子どものときに一度見ただけで、内容についてはあまりよく憶えていない。しかし、ミャンマー人なら誰でも知っている映画だ。映画としては、ソニチバのものより人気があるのも確かだ……。

私は首をひねった。船戸さんにも訊いたが、「知らねえな。なんか勘違いしてんじゃねえか」と言うのみである。

まあ、そう思うのがふつうだ。でも、何かすごく気になった。

幸いヤンゴンに戻ると、あとはもうすることはいくらもない。

私は三十兵衛に最後のミッションを与えた。

「その謎の映画のビデオを探せ！」

三十兵衛はあくびをしながら、「わかった」と答えた。

謎の映画は簡単に見つかった。しかも、ＤＶＤだ。

最近では貸し本屋にビデオやＤＶＤも置いてあるのだという。さすがは首都ヤンゴンである。

私たちが泊っているTホテルには、DVDを見られる設備がないので、三十兵衛の知り合いが経営しているゲストハウスまで出かけた。そこは一泊たった四ドルの安宿であったが、オーナーが自分の趣味のために、ロビーにAVセットを置いていたのだ。

船戸さんはまったく関心がないようなので、私と三十兵衛の二人だけである。正確には三十兵衛も関心がないようだが、私を一人にしておくわけにもいかないので、しかたなく同伴しているのだ。

DVDをセットして、しばらくは、「やっぱり『ローマの休日』が始まるんじゃないか」と私はひそかに案じていた。しかし、その思いはオープニングの、鶴のマークの飛行機が飛び立つシーンで吹っ飛んだ。

やはり、日本の映画だ。

私は急にドキドキしてきた。日本ではまったく知られてないが、ミャンマーで歴史に残る名作となった幻の映画を今、発見しようとしているのだ。ダビングを重ねた画像と音声の悪さが、昔、外国の裏ビデオを友だちの家で息を殺して見つめていたことを思い出させ、それもまた興奮を高めるのに一役買っていた。

場面が急に変わった。薄暗い部屋で髪の長い男が何やらボソボソと、愚痴めいたことを言っている。顔がはっきり見えないが、それは明らかに日本語であり、しかも聞き覚えがある声だ。

「あー、ふざけんなよな、まったく！」と男が独特の訛《なま》りでわめいたとき、私はその男の正体がわかった。そして、愕然《がくぜん》とした。

武田鉄矢じゃないか！

私があまりの驚きに口をポカーンと開けているうちに、武田鉄矢はカメラバッグを担いで街に飛び出していった。


映画は柳生運転手の説明とは全くちがう設定だった。

舞台はトーキョーではなくヨーロッパだ。武田鉄矢扮《ふん》する「駄目カメラマン」は、勤務する出版社の命を受け、ヨーロッパ各地の列車を撮影しに来ていたのだ。

どうして、十二回も映画館で見ていながら「舞台がトーキョーだ」と信じ込んでいるのか理解に苦しむ。武田鉄矢以外、登場するのはすべて白人なのに。

しかし、驚いたことにストーリーは、運転手の言うとおりだった。

武田鉄矢は旅の途中で、どこかの国の王女と出会う。窮屈な王宮暮らしに嫌気がさした彼女は、旅の途中、護衛のスタッフの隙《すき》を見て、街に逃げ出したのだ。護衛は王女を必死に追う。追われている王女は武田に助けを求める。武田は、彼女を王女と知らず、「悪い奴らに追われているのか」と勘違いし、彼女を連れてヨーロッパ各地を転々とする。そして、やがて二人は恋に落ちる……。

やっぱり、『ローマの休日』のパクリである。いや、「リメイク」というのか。

最初の驚きが去ったあと、私は白けた気分で画面を眺めていた。王女役の女優はいかにも母国では無名の三流役者といった感じだし、武田鉄矢は「女なんてな、みんな、オレを騙《だま》すんだよ！」と叫んだり「オレ、ほんとにダメな男だよ……」とボヤいたりと相変わらず感情過多な演技だ。

それに、列車の撮影という名目で、ジュネーブ、パリ、ブリュッセル、ベネツィア……と二人は旅を続けるが、それも「名所案内」的な要素が色濃い。まるで、『世界の車窓から』を見ているような気がする。

おそらく、日本人がまだ気軽に海外へ行けなかった時代だったので、オール・ヨーロッパ・ロケそのものがこの映画の「売り」だったのだろう。

ところが、後半に行くにしたがって、だんだん私はこの映画に引き込まれてきた。

ネタ元である『ローマの休日』のストーリーがやはり優れていることがあるが、それよりも武田鉄矢の役柄と演技である。

武田は英語もろくにしゃべれない。見るからに田舎者だし、ちびで短足蟹股《がにまた》とルックスも冴えない。会社からもらった乏しい予算と時間をやりくりして安宿に泊りながら仕事に励む。日本人のコンプレックスが凝縮されているようだ。

そんな日本人が俠気《おとこぎ》に燃えて、王女に「どんなことがあっても、オレはおまえを守る。

守り抜く！」と叫ぶ。そして、実際に体を張って、王女を保護しようとする護衛やヨーロッパの警察と戦う。

何か、日本人の琴線に触れるのだ。

いま、日本に住む日本人がこれを見ても、「はあ？」という感じだろう。しかし、ミャンマーで見ると、それはちがう。ミャンマーからヨーロッパはあまりに遠い。ある意味で、夢のような場所に感じる。そんなところで、かっこ悪い日本人が情にほだされて、孤軍奮闘しているのだ。

ラストで王女はついにイタリア警察に保護され、武田は彼女の正体が実は王女だったことを知る。

ガックリした武田が安宿でテレビを見ていると、空港での王女の記者会見のシーンが映る。

「次に行きたい国は？」と訊かれ、王女は毅然《きぜん》として答える。

「ジャパン」

それを見た武田はハッとし、「おりゃあ！」と叫びながら（武田はこの映画ではずっと叫んでいる）、空港に走っていく……。

映画が終わったとき、不覚にも私は目がうるうるしていた。

横に座っている三十兵衛に見られたくないと思い、顔をそむけていたが、ちらっと様子をうかがうと、彼も目に涙をいっぱいためていた。

「いい、映画だったな」私は目頭を押さえながら言った。

「ああ」三十兵衛も鼻をすすりながら答えた。

武田鉄矢の叫びは日本人の琴線に触れるだけでない。

昔の日本、いやそれよりもっとヨーロッパから遠い鎖国状態にあり、かつてはイギリスの植民地支配にあったミャンマー人の琴線をもビンビンかき鳴らしていた。もちろん、彼らにとって武田鉄矢は日本人ではなく、「東洋人代表」である。だからこそ、あの柳生運転手は、十二回も映画館に足を運んだのだ。

これではさすがの千葉真一も勝てないだろう。

私はつぶやいた。

柳生十兵衛、武田鉄矢に敗れたり……。

外に出ると、天秤《てんびん》を担いだ果物売りが足早に通り過ぎ、菩提樹の巨木に真っ赤な夕陽がさしていた。

武田鉄矢も王女もヨーロッパも夢の彼方《かなた》だった。

私はこれから日本へ戻る。三十兵衛はマウン・マウン・ジョーに戻る。

終章 柳生一族、最後の戦い

犬を先導に托鉢軍団は行く

キン・ニュン宗矩はタカノを知っていた!?

今回の旅は予測できない展開の連続だったが、それは最後の最後までつづいた。きっかけは、現地の日本料理店で、「今、ヤンゴンに自民党の加藤紘一《こういち》が来ている」と聞いたことにはじまる。

加藤紘一は柳生総帥《そうすい》であるキン・ニュン宗矩と親交がある。彼は、自民党幹事長時代、ミャンマーを訪れ、キン・ニュン宗矩と面識を得た。その後、加藤氏の人柄を見込んだのか、利用できそうだと思ったのか、キン・ニュン宗矩は彼に相談を持ちかけた。

「わが国は麻薬問題に悩まされている。何とかしてケシ栽培をやめさせたいが、他に何か現金収入の道を作らなければ農民が困る。いいアイデアはないだろうか?」

そこで、加藤氏が考えたのが、「ケシをやめ、かわりに換金作物であるソバを植える。そして、それを日本が買い取る」というものだった。

実際にその計画はＪＩＣＡ（国際協力機構）の指導のもとで実施されている。ただし、ソバの品質が悪く、日本の業者が買い取りを渋ったり、ソバの値段がアヘンに比べて安いのでもともと貧しい農民がさらに困窮し、事態は以前より悪化しているという話も聞いていた。

ともあれ、加藤氏は日本の政界で干されている身の上だから時間もあるし、言いだしっぺである責任感もあってか、キン・ニュン宗矩と会見し、現地を視察するためにヤンゴンへやってきたらしい。

それを聞くなり、船戸与一が言った。

「ほう。じゃあ、ちょっと加藤紘一に会ってみるか」

ラショーで、「元麻薬王」のクンサーの家に行こうと言ったときと同じ、無頓着《むとんちゃく》な口調だ。

あのときはガイドの三十兵衛が慌てたが、このときは日本料理店のご主人が慌てた。そりゃそうだろう。加藤紘一は現職の国会議員にして元自民党幹事長である。

結局、ご主人が日本大使館に連絡をとったところ、ちょうど加藤氏はケシ栽培の現場視察のため国境方面に出かけたところだという。それを聞いた船戸さんは言った。

「あ、そう。じゃ、いいや」

やっぱり、それだけだ。私は一瞬「かけがえのない元自民党幹事長を大切にしよう」と言いたくなったが、まあ、「元麻薬王」に比べれば「元自民党幹事長」なんて役職は全然大したことはない。忘れることにした。

その代わり、ヤンゴン滞在最終日、私は船戸さんと一緒に日本大使館を訪れることになった。せっかく、大使館に連絡をとったことだし、ミャンマーの行政区分や政治状況などを知りたいと船戸さんが言い出したからだ。

船戸さんによれば、どこの国でも日本大使館の職員というのはたいていろくに情報収集もしていないという。だが、私たちに応対してくれたSさんという書記官はその無味乾燥で生《き》まじめな口調とは裏腹に、ミャンマーの政治・経済状況をしっかり把握しており、明《めい》瞭《りょう》な解説をしてくれた。辛口の船戸さんが「この人はすごい」と舌を巻いたほどだ。

もちろん、私たちに話せることはごく一部分であるはずだから、実際にはもっといろいろなことを知っているだろう。

ひととおりの説明が終わったとき、私は雑談風に今回、ミャンマーのビザを取得するにあたっていろいろと苦労したことを話した。

船戸さんのビザがいったん拒否されたこと、でも、柳生一族の幹部と思われる参事官との面談で無事ジャーナリストビザが下りたことなどだ。

「でも、ぼくはショックでしたよ」私は苦笑しながら言った。

「だって、てっきりブラックリストに載ってるものだと思ってたのに、まったく問題なしだったんですから。ミャンマー政府には存在を気づかれてもいなかったんですね」

すると、Sさんはそれまでの生まじめな態度を崩さずに答えた。

「いえ、そんなことはないでしょう。キン・ニュンは高野さんのことを知ってると思いますよ」

「ええー!?」私は思わず大きな声を出してしまった。

柳生総師のキン・ニュン宗矩が私のことを知っている?

「どういうことですか?」私が咳《せ》き込むように訊《たず》ねると、Sさんは順を追って丁寧に答えてくれた。それは驚くべき話だった。

今から二年前、キン・ニュン宗矩は、ヤンゴンに駐在している各国大使に呼びかけ、ケシの栽培地へ案内した。

場所は、あの「スーパー外様藩《とざまはん》」こと、ワ藩である(加藤氏が訪れたのは別の場所だ)。キン・ニュン宗矩は、三代目にして現職の「麻薬王」でありワ藩の藩主のパオ・ユーチャンと調整したうえで、ミャンマー政府及びワ藩が麻薬問題に真剣に取り組んでいるということを外国にアピールしようとしたらしい。

政府は数台の軍のヘリコプターを用意し、ヤンゴンから直接現場へ向かった。

このとき、日本がミャンマーにとって最も親交が厚く経済的に重要な先進国であるという認識からか、日本大使は首相であるキン・ニュン宗矩と同じヘリに案内された。そればかりか、席までが宗矩と隣だった。S氏は通訳として、二人の後ろに控えていた。

さて、ヘリが飛び立つと、日本大使は一冊の本を取り出し、その場でパラパラとめくりだした。S氏はそれを見て、唖然《あぜん》とした。

高野秀行著『ビルマ・アヘン王国潜入記』だったからだ。

勉強熱心なS氏はミャンマー関係の書籍には全部目を通しているという。当然私の本も読んでおり、参考図書として大使に渡していた。しかし、S氏も、まさか大使がキン・ニュン宗矩の前でそれを開くとは予想してなかった。

私の本にはケシ栽培やアヘン収穫の写真がたくさん載せられている。すぐに、キン・ニュン宗矩はそれに気づいた。

「いったい、その本は何だ？」宗矩は訊《き》いた。

まずいことになった……と内心動揺しつつ、しかたないのでS氏は説明をした。

「以前、ワ州の村に半年間住み込んで、ケシ栽培をしていた日本人がいるのです。彼が書いたのがこの本です」

すると、キン・ニュン宗矩は呆気《あっけ》にとられていたという。まさか、そんな人間がいるとは夢にも思わなかったらしい。

しかし、さすがは柳生総帥である。すぐに平静を取り戻した彼は、S氏を通じて大使にこう言った。

「ぜひ、この本を読みたい。ついては、三冊ほど、私のところへ送っていただけないか」

かくして、私の本は三冊、日本から取り寄せられ、キン・ニュン宗矩のもとへ送られた。

「キン・ニュンのところには各国の言葉の専門家がいます。日本語も、候文《そうろうぶん》まで読みこなせるスタッフがいます。高野さんの本もすぐにビルマ語に翻訳されたはずです。キン・ニュンはそれでワ州の勉強をしたと思いますよ。他にワ州の情報なんてないですから」

S氏は淡々と話を締めくくった。

私も船戸さんもただただ驚き呆《あき》れるばかりだった。

私の本が柳生一族の重要参考文献になっていたとは……。

この話は本来オフレコなのだが、あとで当時の大使本人が公の席でしゃべっていたから、ここで書いても差し支えないと思われる。

しかし、そうすると、キン・ニュン宗矩は、私のことを知っていて、あえてビザを発給させたのだろうか。

それとも、ときには異常なほどの執拗《しつよう》さで情報を管理するいっぽう、ときには呆れるほど杜撰《ずさん》な体質を持ち合わせている柳生一族が私の名前をブラックリストに入れ忘れたのだろうか。

どちらも同じくらい考えられることである。

柳生総帥キン・ニュン宗矩。

いつか、彼に相まみえるときが来るような気がする。

そのときにはぜひ、ひとこと言いたい。

「私の本のビルマ語版を一冊ほしい。著作権料については勘弁してやるから」と。

その日が待ち遠しくてならない。

柳生一族の没落

ミャンマーはほんとうに何が起こるかわからない国だ。

私もまさかこんな締めくくりの文章を書くはめになるとは想像できなかった。

二〇〇四年十月。旅から帰って半年ちょっとが過ぎたころである。

ヤンゴンに住んでいる日本人の友人からメールが届いた。

「いま、またミャンマーは大揺れに揺れています。高野さんたちが使ったナーガ・トラベルはもう存在しません。彼らの親分たちもすでに別荘に行ってるかと思います。これ以上は危険なのでメールでは書けません。機会があれば、電話で話したいです……」

え、ナーガ・トラベルがなくなった？　別荘行き？

なんのことだかわからず、友人（彼もメールが検閲されている可能性を信じている）に電話しようと思っていたところ、その前に新聞の一面に記事が出た。

「キン・ニュン首相、更迭《こうてつ》」

え!?　私はまたしても呆然《ぼうぜん》とした。キン・ニュン宗矩が失脚？

新聞記事によれば、キン・ニュン宗矩およびその配下である柳生一族が、大がかりな収賄の罪に問われ、キン・ニュンは自宅軟禁、柳生の幹部も多数逮捕されたということであった。

これは、もはや「政変」と言ってよい。

私があらゆるミャンマー関係の消息筋から集めた情報によれば、事態は次のようなことらしい。

私も前に書いたが、幕府内で、キン・ニュン宗矩率いる柳生一族（軍情報部）と、老中である松平マウン・エイ伊豆守率いる譜代・旗本たち（国軍本流）の対立が激化していた。

特に、キン・ニュン宗矩が首相に就任してからは、キン・ニュンが独自に作った政策を、幕府の執政会議でマウン・エイ伊豆守が片っ端から否定するという激突が繰り返されていた。

それがある事件をきっかけに噴出した。

私たちが訪れた「ミャンマーの逆香港」ことムセーという町があった。中国との国境貿易で栄えているところだ。

そこで現地柳生の下っ端が金の延べ棒をもっているところを軍のパトロールに発見され、逮捕された。

その出所がひじょうに怪しいとのことで、国軍本流の老中派は当然自分たちで調べようとした。すると、キン・ニュン宗矩から「こっちの問題はこっちで片をつける。手出しは無用」という横槍《よこやり》が入った。

「冗談じゃない」といきり立ったマウン・エイ伊豆守はついに決断した。

「この際だ、一気に柳生を潰《つぶ》してやる！」

情報収集力でのし上がってきたキン・ニュン宗矩は、当然その動きを察知していた。

「おのれ、松平伊豆守。逆にこちらから叩《たた》き潰してやるわ！」

キン・ニュン宗矩は全国の柳生一族に緊急指令を発動した。

「柳生一族がいよいよ全権を握るときがきた。すべての幹部は自分の持っている軍の情報をすべて集め、即刻ヤンゴンに集結せよ！」

つまり、マウン・エイ伊豆守以下、老中派の秘密を一気に暴露し、逆に粛清しようと企《たくら》んだのだ。柳生最後にして最大の陰謀である。

しかし、キン・ニュン宗矩は致命的な失敗を犯してしまった。

彼はちょうどヤンゴンを離れ、地方に出かけているところだった。マウン・エイ伊豆守の叛乱《はんらん》を耳にした時点ですぐにヤンゴンに引き返せばよかったものの、老中派がそれほど素早く動くと予想しなかったのだろう。翌々日になって、ヤンゴンに戻った。

しかし、時すでに遅し。

ヤンゴンの空港では、幕府軍が厳戒態勢を敷き、キン・ニュン宗矩は松平マウン・エイ伊豆守からの直接の出迎えを受けた。

「もう観念されるがいい」と引導を渡されたのだ。

いくら脅しの材料をたくさん持っていても、身柄を拘束されてしまったらどうにもならない。

キン・ニュン宗矩が拘束されてからの老中派の動きは素早かった。

まず、全国の柳生一族三千人あまりを逮捕した。これが私の友人がメールで伝えた「別荘行き」の意味らしい。

キン・ニュン宗矩の失脚が正式に発表されたあと、世界各国は驚き、動揺した。一般には「キン・ニュン宗矩＝穏健派＝民主化に理解がある」「老中派＝強硬派＝民主化拒否」だと思われているからだ。

実際にはそうではない。キン・ニュンはバランス感覚にすぐれ、スー・チー千姫や外様諸侯、さらには外国政府と交渉するのがうまい。それは穏健とか強硬とかといった問題ではなくて、その交渉の舵《かじ》を握ることで利権や政治力を培ってきただけである。

だから、老中派が実権を握ったことで、すぐさま民主化が遠のくとは限らない。しかし、一般にはそう思われているので、老中派が「政治犯をふくめ数千人を恩赦する」と発表したとき、海外では安堵《あんど》とともに受け入れられた。

しかし、私が知っているミャンマー人や日本のミャンマー通はみんなこう言う。

「当たり前でしょ。キン・ニュン一派を三千人も捕まえたら、刑務所に入れる場所もない。管理もたいへんだ。そのためには前からいる人間を出さなきゃならない」

恩赦は新政府の政策ではなくて、物理的な問題なのである。

老中派の怒濤《どとう》の攻めは止まらない。

キン・ニュン宗矩には終身刑が裁判なしに言い渡された。

後任の首相には老中派の人間が据えられた。キン・ニュン派と目された老中・奉行はすべて解任された。

それだけではない。柳生一族そのものが解体されることになった。

どういうことか。

もともと、ミャンマーに限らず軍には情報部がある。しかし、それとは別にキン・ニュン宗矩は「国防情報局」なる新たな情報機関を作っていた。内容は、軍情報部と区別がまったくつかないため、誰もが同じようにＭＩ（軍情報部＝柳生）と呼んでいた。

その数が年々膨れ上がり、すでに二万人を超えていた。異常な数である。

そこで、老中派はこの国防情報局を取り潰すことにした。もちろん、幹部は逮捕、下っ端は解任処分である。

さすがに、軍情報部を取り潰すわけにはいかないので、これは柳生一族を全部粛清し、かわりに幕府軍本流の旗本・御家人《ごけにん》たちに入れ替えた。

こうして、あれだけ栄華を誇っていた柳生一族は一月ほどの間に崩壊してしまった。


今後のことはどうなるかわからない。

マウン・エイ伊豆守らは、外様諸侯（停戦中のゲリラ指導者）を江戸ヤンゴンに召集したが、実際に出頭したのはカチン独立軍（加賀前田藩の反乱軍）のリーダーのみで、他はみな、使者を派遣するにとどまった。

東北の雄・シャン（仙台伊達藩）などの各大名たちは、私の聞くところでは、「幕府軍の攻撃に備えて臨戦態勢にある」という。

唯一、出頭したカチン軍では、藩主の弱腰に憤慨した若手藩士たちが決起し、国境付近で小競り合いがはじまっているという情報もある。

もっとも、大多数は様子見である。なにしろ、国を実質管理していた柳生一族の幹部三千人を投獄したのだ。取調べだけでもいったいどのくらい時間がかかるかわからない。さらに、柳生一族を下っ端まで一掃してしまったために、国の情報網は麻痺《まひ》しているだろう。老中派はまずそのシステムから構築しなければならない。

だが、何よりも気になるのは、ナーガ・トラベルを筆頭に、今回の旅で私が世話になった柳生たちの運命だ。彼らもそれまではいろいろな特権や余得にありついていたわけで同情するほどのことはないのだろうが、それでもやはり個人的に親しくなった人々の行く末は案じられる。

ノリのいいマンダレーの運転手コウ・タン、私になついていた「セキュリティ」、私たちの誘導尋問にしたがってあれこれしゃべっていた護衛柳生、武田鉄矢を見るために十二回も映画館に通った地元柳生、そして、なによりも、あの役立たずのガイド、三十兵衛。

彼らはいったいどうなってしまったのだろう。

特に、三十兵衛は兄が柳生の幹部であるだけに失職だけでは済まなかったかもしれない。結婚式を控えていたというのに気の毒なことだ。

ミャンマーの人々は江戸時代に生きている。それがいつまで続くかわからない。まだまだ激動は来るだろう。柳生キン・ニュン宗矩が復権を果たす可能性もないとはいえない。

次に訪れるとき、ミャンマーはどんな時代になっているだろうか。

あとがき

船戸与一との、そして柳生一族との奇妙な旅からちょうど一年後の二〇〇五年三月。私はまたしてもミャンマーの辺境地帯に一ヵ月以上も滞在するはめになっていた。NHKハイビジョン特集で、「ビルマロード」を撮影するロケ隊に同行したのだ。

第二次世界大戦中、日本軍が援蔣ルートをおさえるためビルマを占領したあと、連合軍側はインドからビルマ（現ミャンマー）の北西部を通ってじかに中国に達する新たな「援蔣ルート」を作り始めた。

ジャングルを切り開き、日本軍と激しく戦いながら作られたその道路が「ビルマロード」であるが、なんのことはない、私が船戸さんや三十兵衛と一緒に中国国境の町ムセーからバモーを通ってカチン州の州都ミッチーナまで車で走った道がそれだったのであった。

二年連続で同じ道を通るとは夢にも思わなかった。

ちなみに、ディレクターはまたしても探検部の先輩であり、「高野、一緒に来ないか」と誘ってきたのも、私が後輩で使い勝手がいいだけでなく、ミャンマー辺境の事情に詳しいからだという理由まで同じであった。

いったいいつまで探検部の先輩たちはミャンマー取材で私をこきつかうのだろう。

しかし現地では、尋常でない変化が起きていた。

本文で述べたとおり、総帥《そうすい》であるキン・ニュン宗矩が権力闘争に敗れて失脚、柳生一族こと軍情報部は解体されていた。

柳生一族は幕府の多くの人間からも一般の国民からも嫌われていたから、さぞかしミャンマーの人々は自由な気分を味わっているかと思ったら、全然そんなことはなかった。

多くの人は戸惑っている様子だった。

幕府の側はこれまで外様《とざま》諸侯との折衝から民主化の動き、外国人の監視まで、なんでも柳生にまかせきりだった。

ところが今回それを全部粛清してしまったため、誰が何をどうしたらいいのかわからなくなっているのだ。

例えば、私たちのロケでは、船戸さんとの旅でそうだったように、軍情報部の人間も、軍本体の担当者も、誰も同行しなかった。ついて来たのは何の権限もない観光省の若い下っ端の役人一名だけだ。

誰も監視人がいないから取材がしやすいと思ったら大間違いだ。

柳生のように統括する者がいないので、町や地域によって、いろいろな系統の権力者がおり、いちいちその連中と交渉をしなければいけない。

彼らは軍隊だったり、警察（かつては単なる「町奉行」だったが「目付」の柳生の没落で地位があがった）だったり、イミグレだったりしたが、誠に勝手なことをしている。

ただのチェックポイントを勝手に「税関」にして通行する車から金をとっていたり、幕府に黙って金鉱を拡大していたり、ヒスイの密輸にたずさわったりしている。

こういう違法行為は、おそらく柳生一族が健在だった頃からせっせと行われていたことだろう。しかし、柳生という一種の「ルール」がなくなり、もっと脈絡のないものになっている。

なにより、前は柳生が「よい」と言えば取材はオーケーだったし、柳生が「ダメだ」と言えばそれはどうやっても取材はダメ……と、ひじょうに明確だったのが、今ではAと交渉してオーケーでも取材中にBから「取材は中止だ」と命令が来るといった按配《あんばい》で、混乱すること甚だしかった。

イラクで、米軍がせっかくフセイン政権を倒したのに、独裁者がいなくなって国中が混《こん》沌《とん》に陥ってしまったのにちょっと似ていなくもない。

もう一つ、幕府の将兵も一般人も困惑している理由がある。

今回の柳生粛清は、タン・シュエ家光の協力を得て、マウン・エイ伊豆守が断行したものだが、柳生が解体されていよいよこれから幕府が強固なものになるかと思いきや、話はまたややこしくなった。

タン・シュエ家光とマウン・エイ伊豆守が幕府を二つに割って、激しい権力闘争を開始したのだ。柳生の残した利権をめぐってか、柳生がついぞ明かさなかったといわれる彼らの秘密情報のありかをめぐってであろう。

キン・ニュン宗矩が失脚してから一年あまり、「タン・シュエが失脚した」とか「マウン・エイが自宅軟禁された」というニュースが何度も世界に流れた。

その都度ミャンマー幕府は「われわれは仲良くやっていて、対立などまったくない」と否定している。だが、抗争が激しいことはまちがいない。

私が接触した軍関係者や反政府ゲリラ、ビジネスマンたちはみんなこう言っていた。

「どっちが勝つかわからない。だから、どっちかに加担するわけにいかない。結果的に加担するはめになってもいけない」

「じゃあ、どうしてるんですか？」と訊《き》くと、

「みんな、極力何もしないでじっとしているしかない」というのが答えだった。

かつて明智光秀と羽柴《はしば》（豊臣）秀吉が、ポスト信長をめぐって天王山で決戦を行ったとき、有力な大名、筒井順慶は洞《ほら》ヶ峠《がとうげ》で様子見をきめこんだ。史実は異なるようだが、それが伝説化され「洞ヶ峠をきめこむ」という言葉が生まれた。

今、ミャンマーでは、ポスト柳生をめぐって二強が激突し、それ以外の全国民が洞ヶ峠

をきめこんでいるような状況らしい。

したがって、現在のミャンマーは以前にも増して政治や経済の動きがのろくなり、国中にはのんびりとした雰囲気が漂っている。

ミャンマーは江戸時代から戦国時代へさかのぼっている。一見、とてもとても穏やかな戦国時代に。

いっぽう、今年に入って、江戸ヤンゴンと上方マンダレーで、市場やスーパーマーケットなどで爆発テロが起き、民間人を中心に数十名の死傷者が出た。ヤンゴンではほぼ同時刻に三カ所で爆発が起きた。

幕府ははじめカレン（島津薩摩藩の反乱軍）や民主化勢力の仕業《しわざ》だと指弾したが、民衆の支持を最大の拠《よ》り所とする民族ゲリラや民主化勢力が、民衆を無差別に殺傷するテロなど行うわけがない。

公には誰も言わないが、誰もが「あれは軍の仕業」とささやいている。

軍以外に、「同時多発テロ」を手際よく仕掛けられる者はミャンマーにいないのだ。

それはもちろん、幕府に不満をもっている軍のグループということだ。イスラムの過激派がやるように、体制の不安定さを世間に喧伝《けんでん》するのが目的だと思われる。

タン・シュエ家光もマウン・エイ伊豆守も、どちらも幕府の安定を訴えているところは同じだから、テロの黒幕は彼らのどちらの派閥でもない。

残る可能性は何か。

柳生の残党である。それも裏柳生。

組織的行動に優れ、目的のためには手段を選ばない非情さ。まさに『子連れ狼《おおかみ》』や隆慶一郎の小説に出てくるような柳生一族しか、そこまでやる連中はいないのではないか。

私以外にもそう思っている人は多い。

はたして柳生一族の復権はありうるのだろうか。

私としては、柳生一族がそんな下手《へた》な暴力に訴えず、スー・チー千姫と手を組んで倒幕に立ち上がるというシナリオを望んでいるのだが、どうだろう。彼らはまだ、タン・シュエ家光やマウン・エイ伊豆守らの秘密情報という「切り札」を隠し持っている可能性がある。

ミャンマーは常に一寸先は闇《やみ》。非常識なワンダーランドである。

そんな突拍子もないことが起きないとは誰も言えない。

さて、本書は私がこれまで書き続けてきた「エンタメ系ノンフィクション」をある種、極めたものである。

ミャンマーという日本人にとってマイナーな国をどうやって面白く、またウソをつかずに本質を伝えるか、考えぬいた結果が軍事政権を「徳川幕府」に、軍情報部を「柳生一族」に擬すという前代未聞の荒業となってしまった。

旅行記の体裁をとっていることもあり、歴史や政治、少数民族問題などは大ざっぱにすぎるという批判もあるかと思うが、核心は逃していないと思っている。

細かいことをつべこべ言わずにぎゅっと相手の核心を鷲摑《わしづか》みにする——これは作家・船戸与一最大の得意技であり、他のことは勘弁してもらいたいが、これだけは船戸さんの真似《まね》をしたいと強く思ったものである。

もっとミャンマーのことを深く、そして楽しく知りたいと願う方は、拙著『ビルマ・アヘン王国潜入記』（草思社）と『西南シルクロードは密林に消える』（講談社）をお読みいただきたい。

また、本書とほぼ同じ頃に出版されるはずである船戸与一の『河畔に標《しるべ》なく』（集英社）を合わせて読まれることをお勧めする。

「こんな旅からこんな小説が生まれるのか！」と驚かれるはずだ。

それから、本文中に登場したミャンマーの伝奇小説『マヌサーリー』（ミンティンカ著、高橋ゆり訳、てらいんく）も一読して損はない本である。

同じ章で紹介したミャンマーのシャーロック・ホームズ「名探偵サンシャー」は、高橋氏が現在、翻訳中であり、単行本出版の計画がなされている。こちらもお楽しみに。

最後になりましたが、私を取材旅行に連れて行ってくれた船戸与一氏、このトンチキな旅行記を連載するという英断を下した「小説すばる」の山田裕樹編集長、適切なアドバイスをいただいた同誌担当編集者の伊礼春奈さん、そしていつもながらの辛抱強さでこれを「一冊の本」に仕立て上げていただいた文庫編集部の堀内倫子さん、そして内容にふさわしい装丁とデザインに手腕を発揮していただいた福住修さんに心よりお礼申し上げます。

ミャンマー略年表

一九四一　アウン・サン、ネ・ウィンら、日本軍の下で「ビルマ三十人の志士」を結成。
一九四七　2月、パンロン会議。アウン・サン、少数民族と合意。
　イギリスより独立の約束を取り付ける。
　7月、アウン・サン、暗殺される。
一九四八　ビルマ、連邦共和国として独立。
一九六二　ネ・ウィンによるクーデター。軍事独裁と社会主義と鎖国が始まる。
一九八八　3月、民主化運動本格化。
　8月、イギリスより帰国したアウン・サンの娘スー・チー、民主化運動の旗頭
　となる。
　7月、ネ・ウィン、議長を辞任。
　9月、国軍、武力で全権掌握。再び軍事独裁政権に戻る。
一九八九　軍事政権、国の英語名をビルマからミャンマーに変更。
一九九〇　選挙でスー・チー率いるＮＬＤ（国民民主連盟）が圧勝するが、軍は政権委譲
　拒否。

麻薬王の系譜

初代　ロー・シンハン（羅新漢・羅星漢）　Tホテルなど多角的ビジネスを展開（していると思われる）。
〔一九六九〜七三〕

↓

二代　クンサー（張奇虎）　軍のアドバイザー。宝石の運輸（そして多分ヘロインも）に従事（していると思われる）。
〔一九七三〜九六〕

↓

三代　パオ・ユーチャン（鮑有祥）　ワ州連合軍司令官。
〔一九九六〜現在〕

解説

椎名誠

もう最初からはっきり書いてしまうけれど、ぼくは文庫本の解説というのが苦手であり、頼まれると正直な話どうも気が重い。と言いつつもぼく自身がずいぶん文庫本を出しているので、そのたびに誰かに解説をお願いしなければならない。申し訳ないなあと思いつつも義理がらみで書いてくれそうな人を強引に探し出しお願いしたりしている。

知り合いの書き手に解説を、と頼まれて断れない場合は何とか書き、それをつまりはまあ〝人質〟のようにして、お返しにその人にぼくの文庫本の解説を書いてもらったりもしている。文庫本の解説文というのは本当にその作品に感銘を受けたり惚れ込んだりしていないとなかなか書きにくいものだ。

以上はもったいぶって書いている訳ではなくて、この本の解説を書くに当たっての本音の前振りと思っていただきたい。

ぼくはこの高野秀行さんのファンである。まだ一度も会ったことはないのだが、高野さんの書いた本はたいていみんな読んでいる。かなり強引で強烈な探検冒険ものを書いていて、ずいぶんハードな冒険旅行をしている痛快な人だなあと拍手しているのである。このところの作品で特におもしろかったのは『西南シルクロードは密林に消える』(講談社)であった。非合法で入国し、現地のゲリラなどと一緒に奥地に入っていく。遠い昔の西域の探検家やリビングストンなどの冒険行を髣髴《ほうふつ》とする心踊る痛快な話である。

本書でも、さて高野さんはまたどんなことをやってくれるだろうかと『小説すばる』連載時から注目していた。ミャンマーにはその数年前、ぼく自身も行っていたからだ。実際に読み込んだのは本書のゲラが最初であった。

のっけからすごいことが書いてある。

「私はミャンマーには二年に一回くらいの割合で行っているが、最後に合法入国したのは一九九四年、それ以降はすべて非合法である。」

ミャンマーという軍事国家の内実の一部を実際に体験した者としてはこの一文でまずオドロク。高野さんも書いているが、ミャンマーという国は完全に世界の中で時間が停止している国で、この本のメインテーマであるように国家の大勢やそのありよう、意識や文化などは完全に日本の江戸時代である。「そうか江戸時代なのだ!!」

それは実は高野さんのこの本を読んで「ああ、そうだったのか、そういえばそうだったなあ」と、つまりは後追いの感覚で実感したのだが、確かにミャンマーにこれだけたくさん潜入しているこの人の見方は的を射ていると思った。逆にいえば、相手が江戸時代だから非合法で潜入できるということがあるのかもしれない。

以前ぼくがラオスに行ったとき数日泊まっていたメコン川沿いのキャンプは二十メートルほどの川を隔てた向かい側がミャンマーであり、そこを小舟で渡れば難なく密入国してしまえるのだな、ということを実感したから、陸続きのアジアの国々は国境周辺に住んでいる人には不法入国など日常茶飯のことであるというのはわかる。ただし相手の国は江戸時代だからはっきり外国人とわかる高野さんなどがゲリラやスパイと疑われてその場で殺されても文句は言えない本物の危うさがある。そういう背景を考えると高野さんの行動やその冒険魂は、今の日本の青年群像の中では全く飛び抜けた冒険快男児の世界、といっていいと思う。

本書は、そうした高野さんの様々なワイルドな旅とは珍しく様相を変えて合法的な入国であるし、その主たる目的も早稲田大学探検部の先輩である作家の船戸与一さんの取材旅のガイドという、まあ彼のこれまでの旅の軌跡から考えたら比較的楽な旅のようである。その余裕が今回のこのミャンマーにおける徳川幕府と柳生一族という、思いがけない対比的な照合という発想を生んだのではないかと思う。アウン・サンを徳川家康、スー・チーさんを千姫、軍部を柳生一族になぞらえると、これはまたおもしろいように現代のミャンマーが浮き彫りになってくるのに仰天した。高野さんは多分にこの想定を楽しんで書いているようで、本書のおもしろさはそうしたあたりで新しい、なんというかアジア的なエスプリを感じる痛快面白紀行になっている。

彼らにまとわりつくミャンマー側軍部の（柳生一族の）登場人物の描写がそれぞれに個性的でキャラクターが見事に浮き立っており、一人一人の顔が見えるようなところもこの本の魅力だ。さらに船戸さんの泰然自若とした大人《たいじん》ぶりの描写もいちいち目に浮かぶようで（高野さんは船戸さんをフセインのようだ、と書いていてこれにも大笑いした）、モノカキの同業としてはまた別の部分でそのあたりを興味深く読んだ。

ぼくがミャンマーに行って感心したことのひとつにロンジー（男ものの腰巻き）にまつわるいろいろなエピソードがある。軍事国家ミャンマーといっても、周辺国家の情報や物資はそれなりに入ってきており、若い人はジーンズをはじめとしたいわゆる西側の服装もその気になれば自由にできるのだが、なにかというとすぐロンジー姿になってしまうのを不思議に思いぼくなりに取材してみた。結論は結局それが便利で使いやすいということがわかり、なるほどと思ったが、高野さんも同じことを書いている。何よりも大小便が簡単である。ロンジーの下にはパンツを履いていない、ということを何人かに聞いてうらやましく思ったものだ。ミャンマー人が立ちションしているのを見たことがない、という高野さんの一文は、ぼくがミャンマーに行って最初に感心したところでもある（つまりすわりションベンなのだ）。

ミャンマーにおける〝ある豆〟が鉄砲の玉がわりになるので十年くらい前まで政府がそ

の栽培を許さなかったという話をこの本で初めて知り、しまった、と思ったものだ。正真正銘の豆鉄砲という訳だが、こんな面白いエピソードをぼくは知らず、取材できなかった。不覚である。

ミャンマーが知る人ぞ知る読書大国である、という指摘にも唸った。ぼくもミャンマーのあちこちの裏道に入り込みいろいろな風俗風習を見て歩いていたのだが、露天で古本を売る店がかなりたくさんあり、さらに行く旅先の木蔭などで本を読んでいる人々がたくさんいるのを見て感心したものだ。おそらくそれらの本は軍事国家ゆえに諸外国の事情を知らせる情報はかなり規制されているのだろうが、限られた条件の中でたくさんの知識を吸収し、いつか鎖国が解き放たれた新時代に雄飛を志している若者がたくさんいるのだろうな、という感触を持った。

ぼくはひとつの国を旅するとのちのちそこに関係する本をたくさん読む癖があるのだが、ミャンマーについては高野さんのこの快怪作と『ミャンマーという国への旅』（エマ・ラーキン著　大石健太郎訳　晶文社）の二作がいちばんおもしろかった。

ところでこの文章を書いているのは二月六日で、昨日第十回植村直己冒険賞の選考会があった。第一回目からぼくはこの選考委員を仰せつかり、この十年間、国内のいろいろな探検冒険行の記録を見聞してきた。第十回目は、世界中をリヤカーを引いて旅している永瀬忠志さんの受賞が決まった。

その日ぼくの座っている目の前には同じく選考委員の西木正明さんがいた。高野さん、船戸さんの先輩である早稲田大学探検部の重鎮である。ぼくは高野さんが間もない時期に、この植村直己冒険賞の候補者の一人として登場してくるに違いないと期待している。と思うものの、高野さんには〝正しい冒険〟でなく非合法でも不適合でも何でもいいから、もっともっとラジカルに破天荒に思いがけない面白探検冒険行になおも続けて挑んでもらいたいという強い思いもあるのだが……。

高野秀行の本

好評発売中

幻獣ムベンベを追え

（解説・宮部みゆき）

コンゴ奥地の湖に太古の昔より生息するといわれる謎の怪獣モケーレ・ムベンベ発見に挑む早稲田大学探検部11名の勇猛果敢、荒唐無稽、前途多難な密林サバイバル生活78日間。

巨流アマゾンを遡《さかのぼ》れ

（解説・浅尾敦則）

河口から源流までなんと最長6770㎞。早大探検部出身の著者が、ピラニアを釣りワニを狩り、麻薬売人と親交を深めつつ船で河を遡行。アマゾン最初の一滴を目指す傑作紀行4か月。

ワセダ三畳青春記

（解説・吉田伸子）

家賃12000円。早稲田の超ボロアパート野々村荘はケッタイな住人だらけ。三畳一間の私の部屋は探検部のタマリ場となり…。限りなく「おバカ」な青春を描いた書き下ろし傑作。

怪しいシンドバッド

（解説・大槻ケンヂ）

コンゴへ怪獣探しに、幻の幻覚剤を求めて南米に、インドでダマされ無一文に…。「未知なるもの」を求め、懲りずに出かけては災難に遭う早大探検部出身・高野氏の傑作冒険記。

異国トーキョー漂流記

（解説・蔵前仁一）

「私」には様々な外国人の友達がいる。彼等と共に見る東京は、面白く、時に寂しく、いつも不思議なガイコク。愉快でカルチャー・ショックに満ち、少しせつない8つの友情物語。

集英社文庫

ミャンマーの柳生一族《やぎゅういちぞく》

2006年3月25日　第1刷　　定価はカバーに表示してあります。
2021年12月12日　第7刷

著　者　高野秀行《たかのひでゆき》

発行者　徳永　真

発行所　株式会社　集英社
東京都千代田区一ツ橋2-5-10　〒101-8050
電話　【編集部】03-3230-6095
【読者係】03-3230-6080
【販売部】03-3230-6393（書店専用）

印　刷　凸版印刷株式会社

製　本　加藤製本株式会社

フォーマットデザイン　アリヤマデザインストア　　マークデザイン　居山浩二

ISBN978-4-08-746023-0 C0195